U0946325

# 城市级智慧停车产业投资政府和社会资本合作(PPP)模式

王玲燕　胡立娜　编著

人民交通出版社股份有限公司
China Communications Press Co.,Ltd.

## 内 容 提 要

本书从停车产业角度出发，剖析了停车产业的现状与问题，提出以智慧停车 + PPP 模式的解决方法，并从实务操作的角度阐述了城市级智慧停车 PPP 项目的实践过程，重点详解了作者参与的赤峰市红山区智能停车建设系统 PPP 项目。

本书旨在为政府相关部门制定城市智慧停车产业政策、加强行业管理、促进行业发展，为有关企事业单位参与城市停车项目建设等相关工作提供参考和帮助。

**图书在版编目(CIP)数据**

城市级智慧停车产业投资政府和社会资本合作(PPP)模式／王玲燕，胡立娜编著．—北京：人民交通出版社股份有限公司，2018．3

ISBN 978-7-114-13163-9

Ⅰ．①城…　Ⅱ．①王…②胡…　Ⅲ．①停车场—产业发展—政府投资—合作—社会资本—研究—中国　Ⅳ．①U491．7②F832．48③F124．7

中国版本图书馆 CIP 数据核字(2018)第 048091 号

Chengshi Ji Zhihui Tingche Chanye Touzi Zhengfu he Shehui Ziben Hezuo (PPP) Moshi

**书　　名**：城市级智慧停车产业投资政府和社会资本合作(PPP)模式
**著 作 者**：王玲燕　胡立娜
**责任编辑**：屈闻聪
**责任校对**：宿秀英
**责任印制**：张　凯
**出版发行**：人民交通出版社股份有限公司
**地　　址**：(100011)北京市朝阳区安定门外外馆斜街 3 号
**网　　址**：http://www.ccpress.com.cn
**销售电话**：(010)59757973
**总 经 销**：人民交通出版社股份有限公司发行部
**经　　销**：各地新华书店
**印　　刷**：北京市密东印刷有限公司
**开　　本**：720 × 980　1/16
**印　　张**：10.25
**字　　数**：151 千
**版　　次**：2018 年 3 月　第 1 版
**印　　次**：2018 年 3 月　第 1 次印刷
**书　　号**：ISBN 978-7-114-13163-9
**定　　价**：38.00 元

# 编写委员会

王玲燕　胡立娜　张　勇　韩笑笑　李雪松

# 序言一

在《关于进一步规范地方政府举债融资行为的通知》(财预〔2017〕50号)(以下简称“50号文”)、《关于坚决制止地方以政府购买服务名义》(财预〔2017〕87号)(以下简称“87号文”)、《关于规范政府和社会资本合作(PPP)综合信息平台项目库管理的通知》(财办金〔2017〕92号)(以下简称“92号文”)、《关于加强中央企业PPP业务风险管控的通知》(国资发财管〔2017〕192号)(以下简称“192号文”)以及资管新规等金融监管政策密集出台之后,地方政府融资正面临货币紧缩、财政紧缩、金融紧缩和地产紧缩的四重压力。在紧缩、问责和处罚面前,还能令地方政府具有融资冲动的事务恐怕就只有推进“新型城镇化”所必须要完成的基建融资任务。毕竟,“三个一亿人”进城所带动的30万亿元基建投资是实现“新型城镇化”的前提。锐思维咨询认为,解决地方政府融资破局问题要从两个方面入手,一是重塑合格的融资主体,一是引导金融机构转型、脱虚向实。

**重塑合格的融资主体**

通过《关于银行业支持重点领域重大工程建设的指导意见(银监发〔2015〕43号)》、50号文、87号文、92号、192号文等系列文件的规范,地方政府作为主体进行融资的方式就只有发行地方政府债、PPP(Public-Private Partnership,政府和社会资本合作)、规范的或有担保和规范的政府购买服务等阳光化、可控化的方式。那么,城投公司作为承接资金的第二主体,通过与政府债务真实隔离,实现公司化、实体化经营之后,可以运用规范的担保,借助发行项目专项债、项目收益债和ABS(Asset Backed Securitization,资产证券化)等工具扩大直接融资比重,或者通过改造成符合条件的社会资本借助PPP机制参与基建项目。故而,城投公司的实体化是地方政府融资破局的优选路径。那么,城投公司如何实体化?我们应当从公共物品的属性和特点说起。公共物品可以分为三类:一是有现金流并能覆盖成本的项目,称之为经营性项目；二是有现金流但并不能完全覆盖成本的项目，市场不能定价，需要政府参与并提供补贴的项目，称之为准经营性项目；三是完全没有现金流的项目，市场完全失灵，需要政府资金进行投入的项目，称之为非经营性项目。城投公司实体化的思路之一，就是将经营性项目、准经营性项目与非经营性项目捆绑，构建项目合理的现金流，用现金流资产去融资。另一个思路则是通过存量资产和新增项目之间的搭配捆绑实现城投公司实体化，我国基础设施建设投资数十年来主要依托政府举债直接投资形成了大量的存量资产，盘活这一部分存量资产的价值具有非常高的意义和价值。综上，城投公司实体化的第一步就是改造城投公司，使其与政府债务实现真实隔离；第二步是梳理资产装入城投公司，其资产组合就是“用存量的非经营性资产与新增的经营性、准经营性项目捆绑”或者“用存量的经营性、准经营性资产与新增的非经营性项目捆绑搭配”；第三步则是使其具备融资能力和PPP项目中的社会资本资格。第四步，城投公司向“城市运营商”转型。

**引导金融机构转型、脱虚向实**

2017年7月，全国第五次金融工作会议之后，奠定了接下来金融机构监管的基调。“金融体制全面深化改革”进一步倒逼金融机构从利差模式向投资模式转型，投资测算逻辑从“资金成本+动态回收期”向“投资收益率”转变。统一监管、打击监管套利的重拳之下，金融机构会向着专注于各自的细分市场转变——脱虚向实、专注产业投资。在资本市场上来看，政府信用仍然是最好的信用，所以，在基建投资项目中依法合规的利用政府信用，而不是简单粗暴的政府兜底，需要PPP机制。除此之外，现金流充裕的城市运营管理领域中，自带现金流的项目会成为金融机构的“新宠”，例如城乡生活垃圾处理、城市智慧停车、城市照明、水电气暖、城市管廊等等，尤其是产业投资业态丰富的领域。本书中的案例赤峰市红山区智慧停车PPP项目就是一个典型的例子，为了缓解城市拥堵，政府需要增加车位供给(建车位)、提高运营效率(建立智慧系统)。在采用PPP模式引入社会资本、“纯使用者付费”减轻了财政资金使用压力、实现公共产品的提质增效的同时，社会资本看重的并非停车费收入，而是智慧系统平台下充电桩、新能源汽车分时租赁、“车联网+”等带来的多业态叠加的商业机会，社会资本和金融机构的参与各方都有对应的收益来源，这是保证项目能够顺利推进实施的基本前提。锐思维咨询认为，随着城镇化的推进，未来关于城市运营管理方面的项目会成为下一个社会资本和金融机构青睐的风口，城投公司将成为风口的主角！

从2013年锐思维咨询成立并推出平台公司改制重组业务开始，从2015年全线参与PPP咨询业务算起，锐思维咨询始终专注于泛基础设施投融资咨询和城市运营管理领域项目的PPP结构设计。从轨道交通、综合管廊、市政道路、城市照明、园林绿化、污水、供水、城市供热等项目，到海绵城市、智慧城市、特色小镇、产业园区等片区型项目，再到刚刚完成的城乡生活垃圾处理和城市级智慧停车领域的探索与实践，围绕三四线城市地方政府融资破局和城投公司转型发展课题，沿着新型城镇化背景下城市运营的视角，锐思维咨询的“LCB模式”终于完成了战略布局，产品体系和业务发展逻辑即将完整呈现。“LCB”中，“L”代表“法律(Law)”和“规划设计(Layout)”，“C”代表“资本(Capital)”，“B”代表“建设(Build)”“银行(Bank)”和“城市品牌设计与运营(Brand)”等专业机构及人才的跨界联合。2018年，LCB组织将共同向市场推出《LCB城市运营综合解决方案》，围绕“城市运营”建立生态圈。2018年，锐思维咨询还将加快完成另外两本书的出版：以垃圾减量化和资源化为样本的《城乡生活垃圾处理PPP模式》和以三种类型政府(一个地级市、一个县区、一个国家级高新技术产业园区)泛基础设施投融资破题为样本的《平台公司实体化与地方政府投融资破题的路径选择》。期待各位读者继续支持！

最后，依然要感谢五年来所有支持锐思维咨询发展的朋友、老师、伙伴、客户、领导和一路走来始终坚信我们的股东！2018，LCB即将载誉归来！

**锐思维咨询　王大伟**

**2018年1月30日**

# 序言二

XUYANER

2018年2月22日,戊戌年的第一个工作日,经济观察报以一篇《小城市的“富贵病”:暴增的私家车和飙升的租车费》,向公众描述了我国私家车迅猛发展的“盛况”。“盛况”背后透露出一个城市管理难题——“拥堵”。然而,某著名机构发现,在城市地区,接近30%的交通拥堵是司机寻找停车位造成的。

如果通过增加停车位和减少乱停车让出行的驾驶人准确地找到停车位、让交通信号灯根据实际交通流量切换信号等提升静态交通管理水平,是否就能减轻动态交通的压力?

在这种背景下,以城市整体为单位的智慧停车展示了一种智慧城市的发展模式,提出了一种全新的城市发展理念,逐渐以一种智能、高效、安全的理念出现在人们的视野中,并呈现出如火如荼的发展趋势。随着《关于加强城市停车设施建设的指导意见》等政策的出台和各地政府对智慧停车融资模式的不断尝试,引入政府和社会资本合作(PPP)模式成为目前智慧停车项目重要融资模式之一。PPP的机制能够帮助政府厘清与社会资本在停车项目上的权力边界,更好地激发出市场来配置资源的决定性作用。

泊客智慧交通(深圳)投资有限公司(以下简称“泊客投资”)是一家为城市级智慧停车项目提供咨询、设计、投资、建设和运营的专业投资机构。泊客投资独特的特许经营权补偿模式,以获取区域内城市公共停车资源的特许经营权为基础,构建区域内停车产业投资生态圈,通过盘活存量、激发增量,以及设备智能化、管理智慧化,最终建立“车联网+”反哺公共服务投入的盈利模式。

“泊客投资”战略转型以来,锐思维咨询为我们提供了很多宝贵的意见和中肯的建议,并一起参与了多个城市智慧停车PPP项目的策划和结构设计。在本书编撰过程中,“泊客投资”的小伙伴也积极参与并提供了大量的实地调研数据、运营经验和在实践中的一些探索与思考。当然,我们在城市级智慧停车领域中的探索和实践才刚刚开始,还有很多的认识偏差和不足之处。衷心地希望各位读者,以及关注智慧停车产业投资的朋友能与我们交流切磋,也诚挚欢迎各界朋友与泊客投资联络合作、实现共赢!

**泊客投资　张勇**
**2018 年 2 月 23 日**

# 目　录

# 第一章　城市停车的发展现状

## 第一节　城市停车的政策环境

在城市停车领域，我国相关政策体系搭建时间较晚，核心政策出台在2015年之后。2015年之前，国家也出台过一些政策、标准，比如说住房和城乡建设部、公安部、国家发展和改革委在2010年5月19日发布的《关于城市停车设施规划建设及管理的指导意见》（建城〔2010〕74号），总体来讲，这一时期的政策文件并未形成体系化，政策在落实过程中也没有引起足够的重视。在2015年4月7日，国家发展和改革委办公厅《关于印发〈城市停车场建设专项债券发行指引〉的通知》（发改办财金〔2015〕818号）中提出，为了缓解我国城市普遍存在的因停车需求爆发式增长而导致的停车难问题，要加大企业债券融资方式对城市停车场建设及运营的支持力度，引导和鼓励社会投入，并在该文中提出若将发债募集资金用于按照"政府出地、市场出资"公私合作模式（Public-Private Partnership，简称PPP）建设的城市停车场项目的，应按要求提供相关协议并明确项目所用土地的权属和性质。该通知首次从政策角度提及城市停车场建设项目可采用PPP模式，在此通知之后，国家发展和改革委、财政部、国土资源部、住房和城乡建设部、交通运输部、公安部、银监会于2015年8月联合印发的《关于加强城市停车设施建设的指导意见》（发改基础〔2015〕1788号）（以下简称《指导意见》）中正式提出：要通过各种形式广泛吸引社会资本投资建设城市停车设施，大力推广政府和社会资本合作（PPP）模式。

从2015年开始，我国在城市停车领域逐渐形成了以《指导意见》为核心的停车政策体系。《指导意见》以停车产业化为核心主线，提出"立足城市交通发展战略，统筹动态交通与静态交通，着眼当前、惠及长远，将停车管理作为交通需求管理的重要手段，适度满足居住区基本停车和从严控制出行停车"的总体思路，并提出

"坚持市场运作,通过政府规划引导、政策支持,按照市场化经营要求,以企业为主体加快推进停车产业化"的基本原则。《指导意见》明确提出要在城市规划、土地供应、金融服务、收费价格、运营管理等方面加大改革力度和政策创新,并在这几方面提出了具体的要求。《指导意见》在为停车产业化提出原则性要求的同时,也明确了城市人民政府是停车设施规划建设、运营管理的责任主体,各级政府要高度重视,鼓励成立专门的停车管理机构,落实相关工作。

除上述内容外,《指导意见》还要求国务院相关部委应结合自身职责,研究出台相应支持政策,加强联动,共同推动停车设施建设管理,保障经济平稳健康发展、人民生活水平持续快速提高。因此,在规划、设计方面,住房和城乡建设部先后发布了《城市停车规划规范》(GB/T 51149—2016)、《城市停车设施规划导则》(建城〔2015〕129 号)等文件;在停车设施建设方面,住房和城乡建设部发布了《城市停车设施建设指南》(建城〔2015〕142 号);在停车设施管理方面,住房和城乡建设部发布了《关于加强城市停车设施管理的通知》(建城〔2015〕141 号),公安部也出台了《城市道路路内停车管理实施应用指南》(GA/T 1271—2015),完全符合《指导意见》中规定的"营造良好的市场化环境,充分调动社会资本积极性"的要求,一方面加快推进停车设施建设,缓解停车供给不足,另一方面加强运营管理,实现停车规范有序,改善城市环境。除此之外,在土地方面,住房和城乡建设部与国土资源部发布了《关于进一步完善城市停车场规划建设及用地政策的通知》(建城〔2016〕193 号);在投融资方面,国家发展和改革委出台了《城市停车场建设专项债券发行指引》(发改办财金〔2015〕818 号);在停车收费方面,国家发展和改革委出台了《关于进一步完善机动车停放服务收费政策的指导意见》(发改价格〔2015〕2975 号);在推进信息化方面,公安部出台了《停车服务与管理信息系统通用技术条件》(GA/T 1302—2016)。各部委专项政策发布之后,就形成了以《指导意见》为核心的国家层面的停车政策体系,之后在 2016 年,国家发展和改革委《关于印发〈加快城市停车场建设近期工作要点与任务分工〉的通知》(发改基础〔2016〕159 号)、《2016 年停车场建设工作要点》(发改办基础〔2016〕718 号),从政策推进方面部署详细工作内容,至此,国家从宏观政策体系、微观工作内容两方面共同推进城市停车设施的建设。

## 第二节　汽车保有量规模上升

汽车保有量指的是一个地区拥有车辆的数量，一般是指在当地有登记的车辆。但汽车保有量不同于机动车保有量，机动车保有量包括摩托车、农用车保有量等在内。

我国自20世纪80年代开始出现私人汽车，据国家统计局统计，1990年全国民用汽车保有量仅有554万辆，其中私车保有量为82万辆，占14.8%。这82万辆私人汽车中，58万辆是载货汽车，只有24万辆是载客汽车。在私人客车中，有相当数量是小型面包车，真正的私人轿车寥寥无几。自我国加入世界贸易组织后，中国汽车市场大举对外开放，带动了国内汽车产业的迅速发展。与此同时国家又出台了一系列鼓励轿车进入家庭的政策。

至此，长期以公车消费为主的轿车市场转变为以私人消费为主。私人购车成为当今轿车市场消费的主流。

2003年，私人汽车保有量达到1219万辆，私人汽车突破千万辆用了近20年，而突破2000万辆仅仅用了3年时间。2010年，我国汽车的保有量达到了7000万辆。截至2011年8月底，全国机动车保有量达到2.19亿辆。其中，汽车保有量首次突破1亿辆大关，占机动车总量的45.88%。

### 一、机动车保有量

机动车保有量快速增长，总量首次突破3亿辆。随着我国经济社会持续快速发展，机动车保有量继续保持高速增长态势，近5年年均增加1400万辆，截至2017年6月底，全国机动车保有量突破3亿辆，达3.04亿辆。与2016年年底相比，增加938万辆，增长3.18%。12个省份机动车超过1000万辆，广东、山东、河南3省超过2000万辆。近5年机动车保有量变化情况如图1-1所示。

### 二、汽车保有量

汽车保有量达2.05亿辆，49个城市超过百万辆。截至2017年6月底，全国汽车保有量首次超过2亿辆，达200192782辆，占机动车总量的67.43%。全国有49

个城市汽车保有量超过100万辆,19个城市的汽车超过200万辆,其中北京、成都、重庆、上海、苏州、深圳6个城市的汽车超过300万辆。

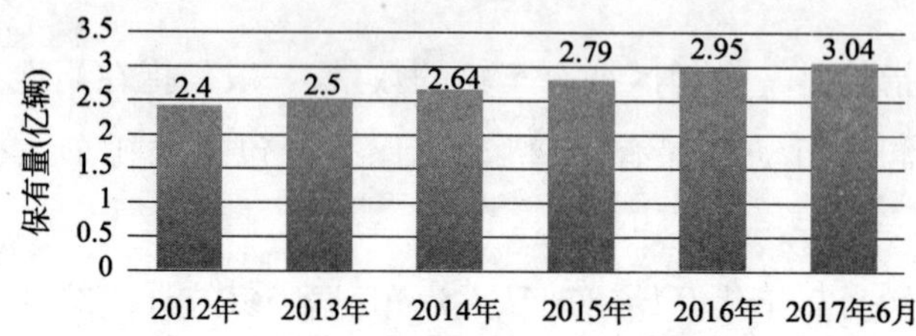


图1-1　近5年机动车保有量变化情况

截至2017年6月底汽车保有量超过200万辆城市排行榜见表1-1。

**2017年最新汽车保有量超过200万辆城市排行榜(截至6月)**　　表1-1

| 排　序 | 城　市 | 保有量(万辆) |
|---|---|---|
| 1 | 北京 | 555 |
| 2 | 成都 | 429 |
| 3 | 重庆 | 350 |
| 4 | 上海 | 341 |
| 5 | 苏州 | 332 |
| 6 | 深圳 | 318 |
| 7 | 天津 | 282 |
| 8 | 郑州 | 282 |
| 9 | 西安 | 254 |
| 10 | 东莞 | 245 |
| 11 | 武汉 | 244 |
| 12 | 杭州 | 238 |
| 13 | 石家庄 | 238 |
| 14 | 广州 | 234 |
| 15 | 青岛 | 232 |
| 16 | 南京 | 230 |
| 17 | 宁波 | 213 |
| 18 | 佛山 | 213 |
| 19 | 保定 | 209 |
| 20 | 长沙 | 205 |

续上表

| 排　　序 | 城　　市 | 保有量(万辆) |
|---|---|---|
| 21 | 昆明 | 204 |
| 22 | 潍坊 | 202 |
| 23 | 临沂 | 201 |

## 三、小型载客汽车数量

截至2017年6月底,小型载客汽车保有量达1.68亿辆,其中,以个人名义登记的小型载客汽车(私家车)达1.56亿辆,占汽车总量的76.1%,2016年下半年以来月均增加164万辆,呈持续快速增长趋势。

## 四、载货汽车保有量

截至2017年6月底,全国载货汽车保有量达2273万辆,2017年上半年载货汽车新注册登记量达156万辆,为历史最高水平,反映出货运市场明显回暖。

## 五、驾驶员数量

随着机动车保有量快速增长,机动车驾驶员数量也呈现持续增长趋势,截至2017年6月底,全国机动车驾驶员总量已达3.64亿人,机动车驾驶员数量达3.71亿人,其中汽车驾驶员3.28亿人,16个省(区、市)数量超1000万人。

在人均GDP到1万美元时,日本、韩国的千人汽车保有量约200辆。目前我国人均GDP约9000美元,假设未来中国千人保有量达200辆,我国汽车保有量可达3.8亿辆,商用车市场年销量规模稳定在400万辆左右,乘用车未来稳态年产销规模在3600万辆以上。

目前,我国的汽车市场仍旧是全球少有的充满活力的汽车市场。

# 第三节　新能源汽车发展迅速

新能源汽车是指采用非常规的车用燃料作为动力来源(或使用常规的车用燃料、采用新型车载动力装置),综合车辆的动力控制和驱动方面的先进技术,形成的技术原理先进、具有新技术、新结构的汽车。新能源汽车包括纯电动汽车、增程式电动汽车、混合动力汽车、燃料电池电动汽车、氢发动机汽车、其他新能源汽车等。

我国新能源汽车产业始于21世纪初。2001年,新能源汽车研究项目被列入国家“十五”期间的“863”重大科技课题,并规划了以汽油车为起点,向氢动力车目标挺进的战略。

此后,在国家密集的扶持政策出台背景下,我国新能源汽车驶入快速发展轨道。

2010年10月,国务院颁布了《关于加快培育和发展战略性新兴产业的决定》(国发〔2010〕32号),将新能源汽车行业列入七大战略新兴产业之一。在明确传统能源汽车退出的时间表后,中国将于2030年停售传统汽车,这些都奠定了新能源汽车广阔的市场前景。

如今的中国已经是新能源汽车的产销大国。中国新能源汽车的产销量年均复合增长率都在130%以上,特别是2014年与2015年,在国家补贴政策的鼓励下,年复合增长率达到400%以上。

根据公安部交通管理局公开的信息,截至2017年8月,全国新能源汽车超过100万辆,达101.8万辆,其中纯电动汽车82.5万辆,插电式混合动力汽车19.3万辆。2016年12月1日起,上海、南京、无锡、济南、深圳5个城市试点发放新能源汽车专用号牌,截至2017年8月,5个城市已发放新号牌7.6万副。

在有数据的17个省市中,北京市位居第一名,其2017年11月份公开的新能源汽车保有量为接近16万辆;上海市2017年10月份公开的新能源汽车保有量为11万辆。此外,新能源汽车保有量在1万辆以上的还有:青岛、广州、成都、佛山、合肥、辽宁、临沂等。

新能源汽车保有量情况见表1-2。

**新能源汽车保有量情况** 表1-2

| 省市 | 新能源汽车保有量情况 | 数据公开日期 |
|---|---|---|
| 北京 | 接近16万辆。其中,私人汽车超过了11万辆,租赁汽车1.56万辆 | 2017.11.26 |
| 上海 | 约为11万辆 | 2017.10.17 |
| 青岛 | 约有4.3万辆 | 2017.11.21 |

续上表

| 省市 | 新能源汽车保有量情况 | 数据公开日期 |
|---|---|---|
| 广州 | 累计推广新能源汽车达4万辆 | 2017.10.23 |
| 成都 | 已达2.76万余量,较2010年的1.76万余辆新增1万辆 | 2017.11.30 |
| 佛山 | 约1.6万辆 | 2017.12.19 |
| 合肥 | 约1.4万辆 | 2017.11.21 |
| 辽宁省 | 约1.29万辆 | 2017.12.21 |
| 临沂 | 保有量约为12050万辆,其中小型电动汽车10218辆,大型电动汽车1922辆 | 2017.12.19 |
| 潍坊 | 已登记的达8200余辆 | 2017.12.19 |
| 内蒙古 | 保有量为7817辆,其中大型电动汽车5419辆、小型的2398辆 | 2017.12.19 |
| 芜湖 | 截至2017年7月底,全市新能源汽车保有量达7000余辆 | 2017.12.3 |
| 新疆 | 共有3000余辆 | 2017.12.20 |
| 济南 | 保有量为2566辆,其中大型电动汽车1033辆,小型车1533辆 | 2017.12.1 |
| 南昌 | 包括纯电动汽车、插电式混合动力汽车等2300多辆 | 2017.11.23 |
| 德州 | 保有量为2151辆,其中大型电动汽车761辆,小型车1390辆 | 2017.12.20 |
| 西宁 | 保有量462辆,其中混合动力汽车220辆,纯电动汽车242辆 | 2017.12.20 |

注:以上数据为电动汽车资源网根据公开信息整理,数据或存在延迟,仅供参考。

根据国务院《节能与新能源汽车产业发展规划(2012—2020年)》(国发〔2012〕22号),到2020年,纯电动汽车和插电式混合动力汽车累计产销量将超过500万辆。根据国家能源局预测,2030年我国新能源汽车保有量有望达8000万辆。

## 第四节 停车泊位供需缺口大

据公安部交管局的数据显示,截至2017年6月,我国汽车保有量已达2.05亿辆,全国有49个城市汽车保有量超百万辆,北京、成都、重庆、上海、苏州、深圳6个城市的汽车超过300万辆。

与汽车快速增长相对应的停车场建设步伐却较为缓慢,远跟不上汽车保有量的增长,停车位供给缺口巨大。

北京、上海、广州、深圳作为中国的四个超级城市,停车泊位量早已经无法满足现有停车需求,北京、上海、广州、深圳四城市平均停车泊位缺口率为76.3%,每城市至少有超过200万辆的车辆无正规车位可停。不仅大城市"一位"难寻,停车难还在向三四线城市蔓延,据2014年相关数据,海口市停车位的缺口也高达45万个。

根据"国家畅通工程"(公交管〔2005〕173号)的考评要求,每100辆机动车应拥有45个公共停车位,国家发展和改革委公布的数据同时显示,目前我国大城市小汽车与停车位的平均比例约为1:0.8,中小城市约为1:0.5;参照国际惯例,汽车保有量与停车位的理想比例区间为1:1.2~1.4;如果按1:1.3的平均水平计算,预计到2020年,我国停车位理论需求量将达到2.6亿个;而据交管局数据,截至2017年6月底,全国机动车保有量已达3.04亿辆,所以国内停车位数量不论按何种标准都存在极大的缺口,大型城市需求尤其明显。

由此停车位的空缺更为巨大,因此我国停车场增建的空间巨大。

## 第五节　智慧停车场覆盖率低

现有停车泊位缺乏,随意停放现象严重,但是停车设施却存在着利用率低的情况。在大城市城区的各类停车设施中,单位大院和公建配建的停车设施比例较高,但是公建配建停车设施的泊位使用率却普遍偏低,主要原因在于许多行政事业单位拒绝外来车辆的停放要求,仅仅面向本单位车辆提供服务,导致大量的停车位得不到充分利用。而智慧停车将无线通信技术、移动终端技术、GPS定位技术、GIS技术等综合应用于城市停车位的采集、管理、查询、预订与导航服务,实现停车位资源的是实时更新、查询、预订与导航服务一体化,实现停车位资源利用率的最大化、停车场利润的最大化和车主停车服务的最优化。

大量的经营性停车场存在长期空置的问题,近五成停车泊位并没有得到合理利用,可以有效解决泊位资源重组的智慧停车场整体覆盖率不足十分之一。对于智慧停车的关注度及扶持度,亟待提升。

从智慧停车服务的市场空间讲,全国汽车数量超过100万辆的城市有49个,汽车保有量合计超 20000 万辆，预计这 49 个城市将成为智慧停车渗透的核心市场。若以人均停车支出 3000 元/年计算，这 49 个城市停车行业收费总计超过 6000 亿元。智慧停车渗透整个停车流程，相关人士分析认为智慧停车服务提供方至少能从整个行业蛋糕中分得 10%。不考虑互联网化后创造的市场增量，智慧停车的市场空间约在 600 亿元以上。

## 第六节　城市停车难、乱、害

随着城市机动车辆急剧增长引起的城市交通流量激增，对交通道路提出了严峻挑战，由于城市硬件建设不完善，停车位存在极大缺口、停车、管理体制不健全等原因，使得静态交通管理严重滞后，随之也加重了动态交通的压力，“停车难、停车乱”已成为交通拥堵的主要原因之一。

自 2000 年以来，我国城市道路与公共交通投资累计已超过 2 万亿元，但仍无法遏制城市交通拥堵的蔓延。

全国已有 17 个城市的市民平均每天在路上时间大约为 30min，其中北京最长，为 52min，广州 48min，上海 47min，深圳 46min。拥堵产生的时间、燃油和环境污染等损失据估计已经达到城镇居民人均可支配收入的 20%，解决交通问题已迫在眉睫。

由于停车泊位供应的缺乏，造成车辆随意停放现象严重。车辆的随意占道停放，已经导致城市正常秩序受到干扰，环境质量遭到损害。由于车辆停放问题长期得不到解决，不仅是主次干道，凡是可利用的城市空间（包括公共绿地、体育活动场所、居民院落等）都成了停车场。大量支路车辆的随意占道停放，已经产生了严重的安全隐患。在居住小区，占据公共空间停车行为已经造成了“无车人”与“有车人”的利益冲突，涉及社会公正问题和居住环境问题，停车问题演变成难以短期解决的社会问题。

# 第二章　城市停车问题产生的原因（以某市停车市场调研为例）

## 第一节　不同特征区域的停车现状调研

锐思维咨询于2017年对山西省某市停车市场现状做了为期一个月的调研，经调研发现，该市不同特征区域内停车存在着不同的问题，现将调研内容与调研结果在本章呈现，一方面帮助读者掌握城市停车领域停车现状调研的方法论，另一方面了解到不同特征停车区域停车问题产生的根本原因，为关注城市停车领域发展的相关人士提供理论基础。

锐思维咨询对该市的停车市场调研主要包括两个方面：一是对不同特征区域停车现状的调研；二是对该市停车产业发展前景调研。

### 一、医院停车现状调研

#### （一）调研准备

医院对于很多城市来讲都属于极具代表性的停车难的区域，本次调研选取该市一所综合性三级甲等医院进行调研，调研前，拟定如下调研方向：

（1）医院内部车位施划数量、早高峰实际停车数量。

（2）实际车辆停车分布（院内、院外停放车辆停放范围、类型）。

（3）目前停车画线、标识标牌引导现状。

（4）医院出入口与市政道路衔接情况。

（5）外围市政道路情况及名称。

#### （二）调研目的

通过详细了解医院内、医院外的停车资源现状、停车资源占用实时情况来预估医院的停车需求量多少。这可作为未来是否在医院附近建设停车场或考量停车场规模的主要因素。

医院属于车辆流动性大的地方,了解医院内部停车画线、标识标牌引导情况可以知道造成医院交通拥堵的影响因素有哪些,未来若要进行整改,主要方向是什么;了解附近市政道路基本情况和医院出入口与市政道路的衔接情况,可以充分掌握医院附近路侧停车资源的可利用程度,作为新增停车资源的考量因素之一。

### (三)调研结果

1. 相关数据

医院内地面停车泊位(按时收费,前40min免费)为320个,地下停车泊位(按时计费,比地面车位收费高)为60个,医院所属车位共计380个。此外,医院门口路边停车泊位(免费)为40个,医院往西50m有两个单位停车场对外收费停车(按次计费),共有100个停车泊位,附近可利用的标准停车位为140个,即医院及附近车位可利用车位共计520个。此外,经调研发现,来往医院的车辆主要停放在医院内部的道路两旁,医院附近道路两旁违停现象较为严重。

2. 存在主要问题

(1)地上地下停车场收费标准制定不合理。医院内部地下停车场收费高于地面停车场,这样会导致车主不愿意将车辆驶入地下停车场停放,因此,地上经常车满为患,影响医院管理秩序,对于人流大的医院来说也加大了安全隐患;由于医院上午处于经营高峰期的特性,即便地下停车场收费高于地面的,地下车场上午占用率也为100%,但其他时间占用率仅为50%。原则上应该引导车主在地下停车,地面主要用于临时停放,方便出行。

(2)缺乏停车引导标识。经调研发现医院内部及医院正门往西50m的两个单位停车场内均存在路面停车标识牌、引导牌较少的情况,这样会导致车主无法准确获悉停车位置,医院、车场停车指引人员也有限,致使车主花费过多时间寻找车位,既耽误车主看病时间,产生不良情绪,也加重了交通拥堵,影响其他车辆通行。

(3)泊位规划不合理。根据调研发现医院内部部分泊位规划位置不合理,因而导致医院内部车辆停放不顺畅,可能会产生一辆车占两个车位的状况,整体来看造成了医院内部无序、杂乱的现状,直接影响了其他车辆的停放以及医院的秩序。

(4)路内违停管理不到位。医院附近路侧车位可以免费停车,但画线车位仅有40个,路侧免费造成了车主更愿意在医院外停车,但车位不足就造成了车主的乱停乱放,占用非机动车道,影响交通秩序。这主要是由于当地管理和执法部门对违章停车处罚力度不足,因而导致违停现象时有发生。

## 二、小区停车现状调研

### (一)调研准备

锐思维咨询和泊客投资对该市某相邻两个大型居住小区停车现状进行调研,考虑到小区白天与晚上停车特征明显不同,因此调研分了两个阶段。

上午时段调研方向如下:

(1)小区位置、户数、周边道路情况、周边存在业态。

(2)小区停车位数量、类型、分布。

(3)停车数量。

晚间时段调研方向如下:

(1)小区停车数量。

(2)小区外围停车情况。

### (二)调研目的

(1)了解小区车辆现状以及未来增加车辆的可能性。

(2)通过停车情况论证是否有必要发展智慧停车,增强诱导。

(3)通过小区成熟程度与周边商业发展程度预测是否要建设立体停车场。

(4)小区停车与路侧交通(动态、静态)的相互作用。

### (三)调研结果

1. 调研数据

A小区和B小区相邻,小区附近500m区域内有2个大型建材市场,2个大型洗浴中心,1个大型的健身房和2家酒店。

A小区入住户1466户,入住率为90%;B小区入住户为2374户,入住率为85%。

两小区停车以地下停车场为主,内部道路两侧可以临时停车。A小区地下停车位1100个,地面270个;B小区地下停车位1300个,地面195个。两小区路面停车都为免费,B小区地下停车场可售、可长租,临时停车5元/h,A小区地下停车场收费标准不详。小区泊位利用情况见表2-1。

**小区停车泊位利用情况** 表2-1

| 小区名称 | 停车场类型 | 泊位数(个) | 泊位归属 | 日间利用率(%) | 夜间利用率(%) |
|---|---|---|---|---|---|
| A小区 | 地下停车场 | 1100 | 业主自有为主(占80%以上) | 60 | 88 |
| | 路面停车场 | 200 | | 96 | 96 |
| B小区 | 地下停车场 | 1300 | 业主自有为主(占80%以上),部分可对外出租 | 50 | 80 |
| | 路面停车场 | 360 | | 95 | 95 |

2. *存在主要问题*

两小区停车存在的问题主要有以下两个方面:

(1)日间地下车库利用率较低。A小区与B小区地下停车场日间泊位利用率平均约为55%,闲置泊位较多,造成停车资源浪费,应该采取一定方法引导车主日间将车辆停放在地下停车场。

(2)地上临时停车位周转率低。A小区与B小区内部道路两侧车位利用率均为95%以上,但周转率低。不仅影响小区居民活动,同时也对白天道路的正常交通承载能力产生不良影响。

## 三、商业区停车现状调研

### (一)调研准备

对商业区停车现状的调研方向主要有以下几个方面:

(1)商圈范围、位置,商业类型。

(2)商圈范围内车位分布情况及类别。

(3)车辆停放分布情况、数量、停车位置类别。

(4)周边潜在开发地块、位置、面积。

(5)完整地块内泊位分布情况、数量、类别。

(6)车辆停放目的类别(来商场的、周边临时停放需求)。

(7)收费情况、管理情况、管理权属。

**(二)调研目的**

(1)了解商业区停车数量,通过分析当地人们生活习惯预测停车需求高峰期为何时。

(2)了解商业区停车位需求缺口,若未来要建设停车场,建在哪里比较合适。

(3)商业街附近其他业态经营状况,以及对停车的需求,判断停车周转率是否高。

**(三)调研结果**

*1. 调研数据*

该市市中心停车泊位以路侧停车位和商场门口的公共停车位为主,停车群体以购物的消费者和商场里店铺的经营者为主。

商场门口及两侧路面停车场共有泊位 110 个,采用计时收费。商场北侧小学旁有一个私人停车场,由私人旧房拆除后改造而成,可停车 50 辆,采用计时收费(表 2-2)。

**商场及周边车场类型及收费情况** 表 2-2

| 停车场类型 | 泊位数(个) | 停 车 收 费 |
|---|---|---|
| 路面停车场 | 110 | 首小时 3 元,超出 1h 每小时加收 2 元 |
| 私人停车场 | 50 | 计时收费 |

*2. 存在主要问题*

商场周边停车场日间停车空置率极低。商场周边周末高峰期的车位利用率为 100%,平均每小时进出车辆 40 辆,周转率较高。但商场停车设备智能化程度低。商场停车收费由商场保安代为管理,以人工收费为主,自动化设备为辅,存在严重“跑冒滴漏”现象。商场周边路面停车场及私人停车场日间利用率较高,夜间利用率仅为 40%。

## 第二节 城市停车产业发展前景调研

锐思维咨询和泊客投资在该市做停车市场现状调研,除上述从点状角度选取在当地具有代表性的医院、两个校区、商场进行调研外,也从宏观角度对该市停车产业发展前景做了相关调研。

## 一、该市基本情况调研

### (一)调研准备

调研内容如下:

(1)该市城区人口以及登记车辆。

(2)该市主要经济发展情况。

(3)该市物价、市民消费水平。

(4)家庭购买第二辆车的现状。

### (二)调研目的

通过了解该市经济状况、市民生活水平,了解市民对汽车消费的需求,根据现有车辆保有量的现状、近年来增长情况,预测单个家庭未来购买第二辆车的可能性,预测未来汽车保有量增长的情况。

### (三)调研结果

截至2016年年底,该市常住人口为343.54万人,民用汽车保有量为44.7万辆,其中市区机动车保有量约17万余辆,汽车保有量以每年10%的速度快速增长,平均每天新增汽车近50辆。

## 二、公共停车资源基本情况调研

### (一)调研准备

(1)公共车位(路内、路外)数量、类型、分布范围。

(2)交管部门对之前规划车位量、分布、类型。

(3)泊位施划的条件依据。

(4)违停路段设置的依据。

### (二)调研目的

了解城市公共停车资源数量,与现有机动车保有量做对比,看停车位缺口有多大。

**(三)调研结果**

根据目前已有数据,该市公共停车泊位供给量为14100个,其中路内7100个,路侧7000个,从机动车保有量与停车泊位资源数量数据中可以看出,停车资源与车辆保有量严重不匹配。

## 三、政策发展环境调研

**(一)调研准备**

除了调研相关停车数据,锐思维咨询和泊客投资对该市停车市场的调研还包括现有的规划文件、政策文件的调研,主要用于了解该市停车管理与建设的相关情况,调研过程中主要搜集的内容如下:

(1)该市停车相关规划文件。

(2)该市建筑物配建停车场的标准。

(3)该市土地利用规划。

(4)与停车相关的政策文件。

(5)目前停车规划、建设、运营、备案的主管部门。

**(二)调研目的**

通过了解该市现有停车政策、规划,掌握该市对城市停车发展的计划;通过了解城市停车位配建标准及土地利用规划,为未来项目建设停车场做准备;通过了解公共停车资源的主管部门,为以后项目推进产生的合作做准备。

**(三)调研结果**

1.路内停车管理

该市所有的路侧画线车位管理权现属于该市城市管理综合执法局;路侧车位由政府街道进行收费,部分开发商门前的路侧收费由开发商代为管理,收费费用上缴城市综合执法局。

2.路外停车管理

路外停车场的收费管理由开发商或开发商承包商进行;其专业停车场的审批手续要到综合执法局进行审批。

3.泊位收费管理

市区机动车停放服务收费分别实行政府定价、政府指导价、市场调节价三种价格管理形式,实际中,由政府定价或政府指导价确定收费标准的停车资源仅为少数。据调研,该市市区停车管理部门为单位、街道社区以及个人,多数停车管理由个人承包管理。

## 第三节　城市停车问题产生的原因分析

根据对该市停车产业发展前景、不同特征区域的停车现状调研,了解到该市汽车保有量与现有停车资源的巨大差异,同时,对宏观政策、现有停车资源的运营管理、主要区域内停车现状进行调研,了解到该市对于停车运营管理的不系统、不规范,没有充分认识到城市停车产业化发展的重要性等问题,现对该市停车主要问题产生的根本原因做如下分析。

### 一、泊位供给不足、新增受阻

从需求角度来看,该市区机动车保有量约为17万余辆,此外悬挂外省(自治区、直辖市)牌照的车辆近万辆。从供给角度来看,该市公共停车泊位供给量为14100个,其中路内7100个,路侧7000个。也就是说,该市城区的停车位缺位率相当严重。机动车保有量与停车泊位资源数量严重不匹配。

停车需求与停车设施供给之间的矛盾已成为引发“停车难”问题的根本性原因。城市中原有的停车场规划只考虑到当时的需求,且很多规划并非由专业人士依靠专业知识制定的,而是由管理者“拍脑门”决定的,因此,规划不具有前瞻性、系统性,且操作性差。经济不断发展,人口不断增加,城市很多问题不断地凸显出来,其中就包括汽车保有量增长与现有停车位不足的矛盾。

很多老城区内建筑密集、道路狭窄,原有城市规划中并未重点关注停车问题,如果现在想要在老城区内建设新的停车场,停车场用地将是很难解决的问题。即便建成停车场,也可能因原有建筑规划、道路规划不当,从而导致停车场不能充分发挥其作用。因此,停车泊位需求与供给之间的矛盾越演越烈。

## 二、管理机制不健全

城市停车资源除了一些建筑物配建的停车场(位)、私人投资建设的停车场(位),就是由政府投资或管理的停车场(位)了。政府投资建设的停车场相比较于企业投资建设的停车场管理手段落后,很多停车场还采用人工管理,并非智能化管理,且很多停车场工作人员只负责收费,对于停车场的经营管理完全不参与,这就导致很多政府投资的停车场就是"赔本买卖"。停车场管理机制落后、信息化水平低,导致停车位周转率低、利用率低,且维护不及时,很难盈利。

1. 停车设施泊位画线不规范

经调研发现该市停车设施泊位画线不规范,存在施划区域不合理、施划标准不合理的问题,例如电脑城吸引人流量能力非常强,人流量、车流量都比较高,中心轴线道路应该确保正常人行及消防通道要求,两侧不应过多设置侧停泊位,导致道路变窄,车流、人流混行,交通组织混乱。此外配建停车场数量较少,路内停车泊位设置占比高。市区内各类业态停车配建指标不合格甚至没有,市区路内停车泊位数占公共停车泊位数的60%。这样就导致大部分的车全部停在路面上,既影响车辆、行人通行,也影响市容市貌。

2. 停车管理、导视标牌缺失

经调研发现,该市收费管理标牌存在缺失或不规范的现象,例如路外封闭车场收费管理标牌颁布不规范,收费公示牌样式、内容、格式不统一;路内公共资源停车收费路段无收费公示标识或收费价格与收费公示牌价格不一致。管理、导视标牌的缺失或不规范会给车主带来极大的不方便,对于整个城市的管理而言,不规范的做法也会让很多人诟病。此外,在停车场内车行诱导系统也不健全,这样给车主寻找车位、反向寻车带来负担,既浪费车主的时间,也影响车主对停车场经营管理的评价。

3. 停车主管部门不统一

该市停车管理部门涉及单位、街道社区、个人等,其中以个人承包管理为主,但缺乏统一的停车主管部门。政府部门多,对于城市公共停车资源的管理而言,部门多起到的作用恰好相反。各部门之间分工不明确,责任不明确,也就间接地影响了停车场的管理效率问题。政府部门职责本应是为公众提供公共服务,相对于企业而言,本就不具备技术实力,可能产生心有余而力不足的现象。因此,在城市停车产业化的发展进程中,建立统一的停车主管部门,履行其相应的职务工作,将含有技术含量的工作交由具备专业能力的企业来做,更能实现专业的人做专业的事,提高停车市场的管理效率,做好对停车资源使用者的服务。

4. 停车规划、管理政策、体系不健全

在对该市做调研的过程中发现,该市对于停车市场的认知、对停车产业化的发展了解并不充分,从市一级层面看,该市没有对于停车市场发展的任何规划;从管理政策上看,仅有《关于规范本市市区机动车停放服务收费管理的通知》《关于进一步规范管理城市人行道停车秩序的实施方案》两个文件;从体系上看,仅有收费价格方面的规定,对于停车项目审批、土地产权、开发模式、金融支持等方面都没有规定,因此,该市停车市场存在建设标准不规范、停车管理监管不明确、治理政策待完善等问题。

5. 停车信息化水平较低

通过为期一个月的停车市场现状调研,发现该市停车信息化水平较低,仅有一个小区内的停车场是完全智能化的停车场。多数停车场仍采用传统的管理方式,缺乏统一的停车信息管理平台及停车诱导系统,一方面不利于停车管理者准确掌握该市停车数据,不能够高效准确地做出决策,另一方面不利于车主快速找到停车泊位、减少路上盘桓时间,也不利于停车场管理者对停车场的有序管理。

6. 停车收费标准不合理

很多城市停车场收费并不是经过严密论证而制定的收费标准,其不合理的收费结构也是导致其经营失败、城市停车难的一个重要原因。比如说,很多地方路边停车不收费或者收费很低,这样就会促使大家在路边停车而不是去收费的停车场停车,很多车辆长时间占用路边临时停车资源,导致其他人无法停车,进而随意停放导致交通混乱。从上述调研结果来看,该市也存在因停车收费标准不合理产生的相应问题,比如在医院内部,路面收费低于地下停车场,医院外路侧免费,这样不合理的收费结构就会导致车主愿意选择便宜的、免费的地方停车,进而导致医院内部路面车辆停放状况车满为患,地下停车场利用率低,院外长时间占用停车资源的现象时有发生,也容易造成医院附近交通拥堵的情况。

## 三、违法停车监管力度不足

在调研过程中经常发现该市车辆乱停乱放,主要体现在机动车停放在人行道上,人走在机动车道上,并且部分路段存在以下问题:

(1)机动车、非机动车、行人混行,盲道位置设置不合理。

(2)道板宽度不具备停车条件,依旧有车辆占用人行空间乱停乱放。

(3)路面偏窄,发展平行停车的空间有限。

(4)停车规范区与禁止区不明显,车辆无规范停车意识。

上述施划范围内车辆停放不规范、停车不入位、停放不一致等问题在很多城市中都存在,但该问题如果不能及时解决,会不断地恶性循环。城市主管部门应该加大对违法停车的监管力度,加大在禁止停放路段及区域违规停放车辆的处罚力度。该市目前采用巡逻、处罚金等方式规范车辆停放,但问题无法根治,仍旧屡次出现,应该采用专业化的管理团队、专业有效的方法进行。

## 四、公众意识问题

很多人认为停车不应该收费,停车是政府作为公共事务管理者应该提供的义务,加之执法人员对随意停放车辆的处罚力度不大,所以导致一些人对停车收费意见很大,并且不配合。有些公民法制观念差,对停车位的使用也只管自己方便,停车不按照要求停放,导致其他车辆无法停放,停车资源浪费严重也是停车难的一个原因。因此,对于地方政府而言,面对停车市场的整治、停车产业化的发展,不仅应从上述三个主要方面解决停车问题,也应该从公众意识培养、素质提升方面做宣传、引导,从两个角度共同来解决城市停车存在的问题。

锐思维咨询和泊客投资通过对一个城市调研过程、调研结果的详细展示,分析出该市停车存在的主要问题以及问题产生的根本原因,实际上,对很多城市而言,也都存在着上述停车问题,究其产生的根本原因,也主要为以上几个方面,若要彻底解决城市停车存在的问题,应当从以上各个方面逐一突破、解决。

# 第三章　如何解决城市停车存在的问题

## 第一节　专业技术是根本

近年来，随着经济社会的快速发展，机动车保有量迅速增长，现有停车资源日趋紧张。一方面，繁华路段停车占用率高，车主停车“一位难求”，巡游找车位的车辆又加重了区域内的交通拥堵；另一方面，由于占道车位大部分都在人行道上，不规则的停放挤占了行人通行空间，乱停乱放恶化了城市的市容市貌。“停车难、管理乱、交通堵”等问题逐步成为城市的“痛点”，为社会公众、城市管理者所密切关注，成为需要解决的重大问题。

如何解决城市停车问题，最根本的则是利用专业的技术手段，通过数据分析结果、实时信息传递，引导车辆到空置车位停车、减少车主寻找车位的时间，为达到这一目的，最根本的则是利用“互联网＋智能化的停车建设系统”解决停车难、交通拥堵这一重大民生问题。“互联网＋智能化的停车建设系统”通过对信息化技术改造和大数据的应用，实现全区域公共停车资源的整合和大数据的处理，能够为政府的停车管理提供数据支持，便于政府制定合理的政策和价格体系；为停车场远程管理提供便利，为车主提供车位查询、预订、支付、反向寻车、车位共享等全方位的服务；通过建立停车诱导系统为在途车辆提供及时准确的停车信息；通过违停抓拍系统协助交管、城管严抓违法停放的车辆。

### 一、智慧停车概述

1. 智慧停车的概念

智慧停车是指将无线通信技术、移动终端技术、GPS 定位技术、GIS 技术等综合应用于城市停车位的采集、管理、查询、预定与导航服务，实现停车位资源的实时更新、查询、预订与导航服务的一体化，实现停车位资源利用率的最大化、停车场利润的最大化和车主停车位服务的最优化。

2. 智慧停车的特点

简单来说,智慧停车的“智慧”就体现在:“智能找车位 + 自动缴停车费”。服务于车主的日常停车、错时停车、车位租赁、汽车后市场服务、反向寻车、停车位导航。智慧停车的目的是让车主更方便地找到车位,包含线下、线上两方面的智慧。线上智慧化体现为车主用手机 APP、微信、支付宝,获取指定地点的停车场、车位空余信息、收费标准、是否可预订、是否有充电、共享等服务,并实现预先支付、线上结账功能。线下智慧化体现为让停车人更好地将车辆停入车位;一是快速通行,避免过去停车场靠人管,收费不透明,进出停车场耗时较大的问题;二是提供特殊停车位,比如宽大车型停车位、新驾驶员停车位、充电桩停车位等多样化、个性化的消费升级服务;三是同样空间内停入更多的车,例如立体停车库可以扩充单位空间的停车数量,共享停车能分时段解决车辆停放问题。

## 二、智慧停车技术简介

智慧停车技术主要是以“互联网 + ”模式的智能停车管理系统,建立智慧停车服务平台。建设停车信息资源数据平台,通过准确采集停车数据,有效实施停车诱导,建立健全停车信息化管理能力,实现停车资源整合配备和动静态交通管理有机衔接,实现停车管理部门对停车场的车位运行情况做到及时、有效的监督和管理,促进完善停车设施规划和建设,提升停车经营企业服务和运营水平。主要目的为通过专业化、信息化、智能化的方式,解决城市停车难、停车乱的痛点,提升停车场的使用价值和资产价值,让车主在城市停车过程中的找车位、出入场、反向寻车、支付环节变得更加快捷,从根本上解决城市停车问题。主要内容包括建设智慧停车云服务平台、大数据中心、监控中心、诱导系统、违停抓拍系统以及停车场管理系统。

智慧停车云服务平台主要建设集政府管理系统、车场管理系统、车主管理系统、运营管理系统为一体的云平台,其自上而下包括基础环境、采集层、数据层、支撑层、应用层、展现层六个层次,目的为采集停车前端数据,通过大数据的处理提供各类应用。大数据中心主要是通过各核心系统实现整合各类静态交通数据,包括车辆信息、车主信息、停车场信息、车位信息、管理员信息、实时车位状况等数据信息，目的是为了建立统一的信息资源库，这也是建设大数据中心的核心内容之一。停车管理系统分为开放式停车管理系统和封闭式停车管理系统，开放式停车管理系统指通过智能管理终端对停泊车辆拍照识别车牌自动录入泊车信息，加上平台的统一管理，采集停车数据、杜绝收费流失。在停车收费管理方面，通过先进的技术工具和管理手段，对泊位收费的实时情况以及泊位利用率、周转率进行实时查看和统计。封闭式停车场管理系统主要是以低成本、高效益的改造方式，接入已有管理系统的数据和信息，实现远程云端对停车场的监控和管理，提高财务收费的透明度。诱导系统是基于电子计算机、网络和通信等现代技术，向道路使用者提供最优路径引导指令或通过获得实时交通信息帮助道路使用者找到从出发点到目的地的最优路径。车主行车时可以避开道路拥堵点、停车时可以迅速找到车位，提高通行效率，为驾驶员节省时间，减少交通拥堵。违停抓拍系统通过抓拍、传输、管理、处罚并保存等相关信息的系统。

## 第二节　智慧停车运营模式是关键

采用智能化方式发展智慧停车无疑是建立良好城市停车环境的一个重要因素，也是社会发展的必然趋势，但是如何将不同的技术合理运用在同一个项目中，并且平衡合作各方不同的需求也是十分关键的，因此根据我们对现有停车场建设项目进行了分析，总结归纳了以下几种智慧停车建设项目的发展模式。

### 一、建设转移（BT）

建设转移，即BT模式。BT是指政府将公用基础设施或基础产业项目交由投资者成立的项目公司融资建设，并承担项目建设风险，项目建成后，政府按协议约定方式分期回赎其项目资产及有关权利的一种投融资建设方式。

2004年国务院颁布的《国务院关于投资体制改革的决定》（国发〔2004〕20号）中规定："放宽社会资本的投资领域，允许社会资本进入法律法规未禁入的基础设施、公用事业及其他行业和领域"，"各级政府要创造条件，利用特许权经营、投资补助等多种形式，吸引社会资本参与有合理回报和一定投资回收能力的公益事业和公共基础设施的建设"。国家鼓励社会资本参与公共基础设施的建设，建设转移

(BT)模式也属于其中一种,其实质是企业先行投资垫付资金,待项目建设完成后政府分期进行支付并回购资产。这种模式可以根据企业是否负责运营以及是否享有资产的所有权,可以演变为多种投资模式,例如BOT(建设—运营—移交)、BOOT(建设—拥有—经营—移交)等。

在这种模式中,先由社会资本成立的项目公司进行融资,建设完成后移交给政府并由政府分期支付,该种模式存在着一定的弊端,一方面:金融机构给项目公司融资时会要求政府提供相应的担保,这样就加大了政府的隐性债务风险;另一方面,获得工程利润是很多建设企业的直接目的,在BT模式中社会资本建设完成后即可立即退出,不参与后续运营维护,这样就将还款风险留给了政府。

## 二、服务外包

服务外包是指政府将某些非核心的业务或者自己无法完成的业务外包交由专业的企业和社会机构来负责。政府出资建设并拥有产权,由企业提供服务,而政府每年出资购买的是社会资本的服务。

该种模式也属于一种较为传统的运营模式,其存在的主要问题为政府需要为停车场的建设阶段投入大量的资金,而这与很多地方政府财政资金不足的现状相矛盾。

## 三、商业投资模式

商业投资模式是完全由企业投资并通过市场化运作收回投资的一种模式。商业投资模式是一种私人建设运营活动,采用这种模式时,政府部门发起项目,并适当给予少量政策保障,由社会资本进行项目建设,建设完成之后通过市场化运营收回成本。

该种模式下社会资本享有充分的自主权,对于自己投资的停车场可从设计阶段介入,完成项目的设计、建设、运营,并根据市场化原则进行定价,回收成本以及获取利润。政府只需要履行监管职责,监督社会资本不要损害公共利益即可。一方面政府不用担心基础设施投资压力,另一方面鼓励专业的人做专业的事情,逐步形成停车产业化发展。但唯一存在的矛盾就是基础设施较大额度的投资与资金回收期过于漫长,可能会影响到社会资本投资的积极性。

## 四、特许经营

特许经营是指政府按照有关法律、法规规定，通过市场竞争机制选择市政公用事业投资者或者经营者，明确其在一定期限和范围内经营某项市政公用事业产品或者提供某项服务的制度。

特许经营模式可以分为两类：一类是企业出资建设，政府给予一定期限的特许权，为企业规避了一定的竞争风险，企业在一定期限和范围内进行经营，期限届满无偿移交政府；另一类是由政府授权特许经营者运营的已建成的某项市政公用基础设施，期限届满无偿移交政府。

## 五、政府和社会资本合作（PPP）模式

政府和社会资本合作（PPP）模式是由政府通过公开的采购方式选择符合条件的社会资本，由具有专业能力的社会资本负责项目设计、建设、运营维护基础设施或公共服务的大部分工作，并通过“使用者付费”及必要的“政府付费”获得合理投资回报。该模式下，由专业的社会资本做专业的事情，政府通过绩效考核以及超额利润分配机制约束社会资本。由专业的社会资本成立智慧停车运营管理企业，全权负责项目的投资、建设、运营管理，推动地方停车产业链条的规范、发展和升级。

# 第四章　智慧停车借力PPP模式

## 第一节　PPP模式与智慧停车项目的天然适配性

众所周知，人们每天都要面对停车难、交通拥堵等问题，这类问题已经成为制约城市发展的"痛点"问题，严重影响到人们的生活质量，也在一定程度上制约了社会经济的发展。为了解决这一问题，最根本的办法就是发展智慧停车，从技术角度上突破。现如今，国家大力推动用PPP模式发展基础设施建设和公共服务，在停车产业内，2015年8月，国家发展和改革委、财政部、国土资源部、住房和城乡建设部、交通运输部、公安部、银监会印发的《关于加强城市停车设施建设的指导意见》(发改基础〔2015〕1788号)中提出要大力推广政府和社会资本合作(PPP)模式，吸引社会资本投资建设城市停车设施。智慧停车项目采用PPP模式具备理论支持依据，同时也具有现实可行性，借力PPP模式，将有助于发展智慧停车项目，而PPP模式与智慧停车项目具有天然的适配性。

### 一、机制上的适配性

智慧停车并非简单的"互联网+停车"，而是集城市管理、物业管理、车主服务及智能硬件设施配置的综合发展模式。智慧停车项目需要专业的、具备综合运营能力的企业来运作，这与PPP机制要求合格的社会资本竞争的模式契合，政府可设置相应的采购条件，由符合要求的社会资本或组成的联合体来参与项目全程的规划、设计、建设以及运营，来保证项目的良好运转。

智慧停车项目不同于以往单纯的停车场建设项目，需要建设企业、平台运营企业、车场的专业管理企业等，PPP模式采用公开的采购方式，让有实力的企业公平竞争，让不同企业之间优势互补，成为合作者，相互约束，共同推进项目。

## 二、效益上的适配性

智慧停车项目属于对停车产业的投资项目，项目本身就会产生相应的现金流，同时，该类项目也属于公共服务领域的基础设施建设项目，这两类特征都与 PPP 机制契合。停车场建设项目具备产生稳定现金流的基础，对于很多投资人而言，投资的回收就相对有了保证；对于很多财力弱的地区，推动这一类可以产生充分现金流的项目，不用政府进行补贴或者降低政府付费数额，又可以解决停车痛点问题，缓解城市拥堵的现状，也属于政府愿意推动的项目。

## 三、监管上的适配性

对于一个城市而言，停车场的存在显然是属于刚性需求，任何一个单体的停车场建设项目，从最初的设计、建设开始，直到进入稳定的运营阶段，开始获取利润，这中间都需要经过一个很长的周期。而 PPP 模式下的项目，正好要求社会资本来负责项目全流程的主要工作，其合作期限一般至少 10 年，这与停车场项目资金回收周期相匹配。PPP 模式要求社会资本全流程的参与项目，更能准确把握项目进展、平衡各方利益，增加项目操作效率、提升服务质量，起到自行约束的作用。

作为为城市提供基础设施的项目，政府会通过绩效考核等方式约束、监管社会资本，不会让社会资本获取暴利，有奖有罚的绩效考核机制对于社会资本而言更能激发起创新能力，为社会工作做好服务。

## 四、政府支持上的适配性

任何一个基础设施或公共服务项目都需要政府部门的支持，在 PPP 项目中，政府作为“PPP 项目合同”的一方签约主体，双方在谈判阶段即可明确政府方应履行的义务，例如：保障项目用地、按时完成相应审批工作、出台相应政策文件等。PPP 项目中，合作双方作为平等的签约主体，更能明确约束政府的义务，保障社会资本的权利。

## 第二节　PPP 模式顺应停车产业的发展趋势

我国的停车难问题早已上升到了民生问题,并已经严重影响到城市的有序运行和可持续发展,导致社会成本大大提高,甚至造成了某些城市中心商业区的衰退,也引起了社会各界及政府的高度关注,成为亟待解决的问题。

我国的停车管理经历了四个发展阶段:

(1)纯人工管理阶段(20 世纪 80 年代):停车管理出现,人工为主。

(2)出入口控制(20 世纪 90 年代~2008 年):出入口收费管理模式,自动化水平低,人工收费为主。

(3)智慧停车初级阶段(2009 年至今):出入口设备向高端化、无人化发展,设备向智能化成为方向。

(4)智能停车高级阶段(现在):停车管理加快智能升级,云端 + 移动端停车应用加速发展,基于大数据的运营成为趋势。

"互联网 +"是创新 2.0 下的互联网发展的新业态,是知识社会创新 2.0 推动下的互联网形态演进及其催生的经济社会发展新形态。"互联网 +"是互联网思维的进一步实践成果,推动经济形态不断地发生演变,从而带动社会经济实体的生命力,为改革、创新、发展提供广阔的网络平台。

而智慧停车在移动互联网领域内,又在物联网,又在大数据和移动支付的领域内。国家行业管理层面是静态交通,然后把物联网技术、无线通信技术、移动终端技术、GPS 等结合在一起,最后实现实时更新、查询、预定与导航服务一体化,实现资源利用最优化、停车泊位利用的最大化和驾驶者停车服务的最优化。

PPP 模式,作为一种融资、管理机制,在 2015 年第三季度,道路停车智能管理 PPP 模式开始兴起。

2015 年 7 月 10 日,鹰潭市人民政府办公室发布关于印发鹰潭市城区机动车停车收费管理工作方案的通知,规定城区占道停车将采用智能管理系统,实行"投资—经营—移交"模式;

2015 年 7 月 29 日,新余市公安局交通警察支队发布城市智能停车管理系统运营建设项目招标;

2015 年 9 月 9 日，衢州市发布城市智能停车收费系统项目二期建设及相关服务招标，这两个城市都是采取 BOT 模式，由中标公司在当地组建项目公司，实施项目建设及后续运营管理服务等；

2016 年 1 月 6 日，全国首家采用 PPP 模式建设的立体停车场在陕西省杨凌康乐路开始试运营，可供 248 辆汽车同时停放。这是杨陵区市政局与该公司以 PPP 模式进行的合作；

2016 年 4 月 1 日，中兴智能交通股份有限公司中标“扬中市城区智慧停车投资、建设及运营管理项目”，成功打造国内首例城市级“互联网 + 智慧停车”PPP 模式项目的重大案例，该项目开创我国智慧交通产业“互联网 + 智慧停车”的先河；

2016 年 10 月，ETCP 宣布获得来自万达飞凡高达 15.5 亿元的投资；2016 年 11 月，停车管理互联网平台“停简单”B 轮融资尘埃落定；2017 年 7 月，小马智停公司的“共享车位”项目获 200 万元天使轮融资。

2018 年 1 月 31 日，川投集团 PPP 支持专项计划暨全国首单停车场 PPP 项目资产证券化成功在深圳证券交易所举行挂牌仪式。川投集团 PPP 资产支持专项计划是以资阳市雁江区停车场经营权及收益权为标的物的 PPP 存量项目，是财政部、中国人民银行、中国证监会《关于规范开展政府和社会资本合作项目资产证券化有关事宜的通知》（财金〔2017〕55 号）文件之后首个获批的 PPP 资产证券化项目，是全国首单成功发行的停车场 PPP 资产证券化项目。

从停车产业发展的角度上看，PPP 模式需要社会资本在项目设计、建设、运营中全流程的参与，因此很多企业会选择以联合体的形式投标，联合体各成员集结参与一个项目之后，便可以互相依附参与更多的项目，形成固定的合作伙伴。对于企业而言，可以整合各自优势、拓展业务市场，获取收益；对于产业而言，可以集结更多优秀的企业，不断地创新技术，使得产业能够更加蓬勃的发展。

# 第五章　智慧停车 PPP 项目重点问题解析

## 第一节　智慧停车 PPP 项目的内容及运作方式

### 一、智慧停车 PPP 项目的内容

在智慧停车 PPP 项目中，根据项目自身的产出要求以及相关政策文件确定合理的项目边界，包括但不限于以下内容。

1. 存量项目

根据合作双方对存量项目的改扩建、委托运营或数据接入的需求，将存量项目纳入智慧停车 PPP 项目边界中。

2. 停车场（充电桩）

（1）根据合作双方对停车场（位）建设数量、建设规划、运营需求进行结构设计。

（2）根据政策的要求，即“新建的大于 2 万 $m^2$ 的商场、办公楼等大型公共建筑配建停车场和社会公共停车场建设充电设施或预留建设安装条件的车位比例不低于 10%”，对项目边界进行结构设计。

3. 智慧平台搭建

智慧平台的搭建要注重整个区域停车资源的数据接入，以及对未来智慧交通规划的影响。

城市停车管理平台系统与设备：包含城市级停车收费管理系统、城市级停车数据库/中心、停车场/位数据采集系统、P + R 停车管理系统、停车管理中心软件等。

4. 新能源汽车分时租赁

结合政策的要求及合作双方的意愿，具备条件的政府机关、公共机构及企事业等单位新建或改造停车场，可规划设置新能源汽车专用停车位、配建充电桩。

## 二、智慧停车 PPP 项目的运作方式

在基础设施领域，从是否存在使用者付费的角度，可以将基础设施项目划分为非经营性项目、准经营性项目和经营性项目。根据我们的理解，绝大多数停车场属于收费型停车场，停车场应属于经营性项目。"根据私营部门的参与程度不同，可以将 PPP 分为 DB（Design Build）、O&M（Operation&Maintenance）、DBFO（Design-Build-Finance-Operate）、BOO（Build-Own-Operate）、BOOT（Build-Own-Operate-Transfer）、BBO（Buy-Build-Operate）、BTO（Build-Transfer-Operate）等数十种细分具体模式。"通过 PPP 模式建设停车场，具体选择哪一种方式进行合作，需要结合具体的项目情况以及政府、社会资本双方的需求来决定。

### （一）单体运作模式

1. 新建项目采用 BOOT 或 BOT 模式

BOT 模式（图 5-1）是目前适用最广泛的 PPP 运行模式，在智慧停车 PPP 项目中，政府与社会资本签订 PPP 协议，由社会投资人成立项目公司，具体负责停车场的设计、投资、建设、拥有、运营和管理，通过运营回收投资和获取利润。在运营期内，投资者拥有停车场的所有权，约定的经营期限届满后，投资者将停车场移交给政府。

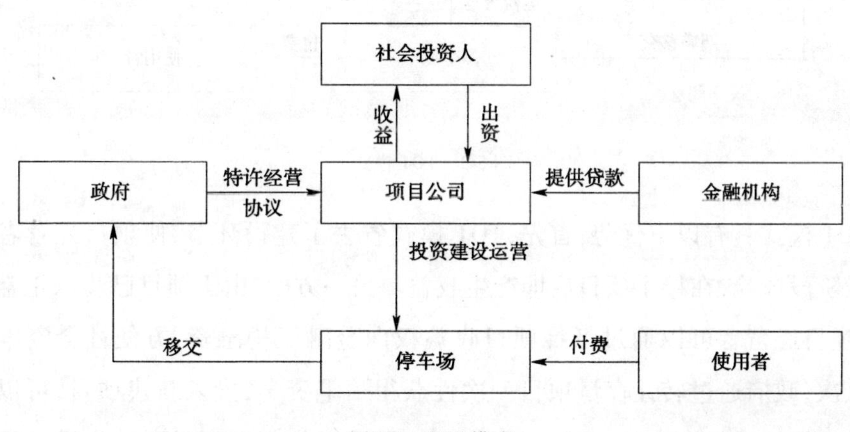


图 5-1　BOT 模式

2. 存量项目采用 TOT 模式

根据项目现有资产的情况，可以将 PPP 项目分为存量项目和增量项目，存量项

目是指改建、扩建等项目,而增量项目是指新建项目。事实上,尽管我国大城市公共停车位非常紧张,但是很多政府经营的停车场由于管理不善、服务质量低下等原因而长期无人问津,处于严重的亏损状态。对于这类项目可以采取 TOT 模式(图 5-2),即转让—运营—移交(Transfer-Operate-Transfer),具体是指社会资本购买某个项目资产的经营权或者产权,社会投资者在约定的时间内通过经营该资产收回全部投资和得到合理的回报后,再将项目无偿移交给原所有权人。在此模式中,政府通过授予或转让产权或经营权的方式获得一笔当期的政府非税收入,按照财政资金的相关管理办法使用。同时,通过社会投资者来提升基础设施运营的质量和效率。社会投资者在约定的时间内(10 ~ 15 年)通过使用者付费、政府付费、可行性缺口补助等方式收回全部投资和得到合理回报。TOT 可以分为只转移经营权的 TOT 和伴随产权转移的 TOT,前者本质上是租赁关系,后者则是购买关系,故这种 TOT 又称为 POT(Purchase-Operate-Transfer)。

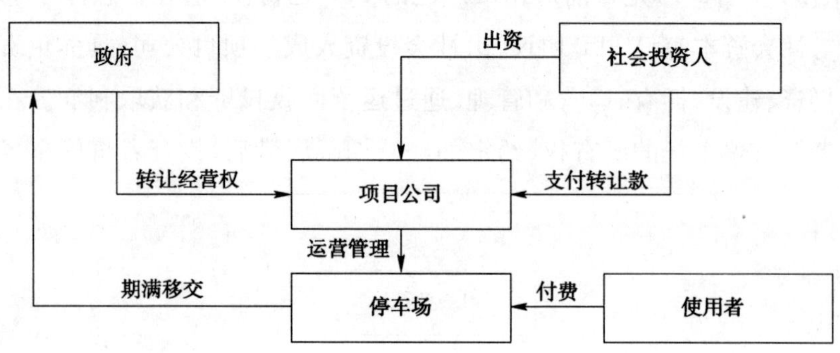


图 5-2 TOT 模式

TOT 模式具有以下优势:首先,TOT 模式省去了建设环节,使项目经营者免去了建设阶段风险,在接手项目后即产生收益。另一方面,由于项目已步入正常运转阶段,项目经营者可以通过抵押项目收益权向金融机构融资,方便社会资本再融资。其次,政府通过转让存量项目一次性获得一笔资金,投入新建项目,可以缓解政府基础设施建设资金的不足。最后,TOT 最重要的意义在于引进先进的管理技术和经验,盘活存量资产。除了单纯采用 TOT 模式运营存量项目,还可以将存量项目与新建项目相结合。

**（二）多种运作模式组合**（例如：BOT + BOO 模式）

运作模式是否组合主要取决于项目边界是否组合，当项目边界不再单一时，就可能产生多种运作模式。

BOT + BOO 模式主要适用于新建组合型边界的 PPP 项目，社会资本对于部分项目边界采用 BOT 模式，社会资本参与新建项目建设、投资、运营职能，项目资产所有权仍归属于政府，合作期满由项目公司将资产移交政府；对于采用 BOO 运作模式的部分，社会资本拥有项目资产所有权，按照 BOO 模式长期运营项目并获得运营收益。

## 第二节　智慧停车 PPP 项目的土地问题

土地供应经常“卡死”项目。城市停车不但要占用相当规模的土地和空间，而且停车空间的分布和集中程度与城市地级差收益的划分情况是一致的，即停车需求量最高的地区也是城市中土地价值最高的地区，因而使停车空间的扩展相当困难，需要付出很高的代价。在繁华商业圈、人口密集区及大型医院等地停车困难，但这些地区的土地寸土寸金，多年前已经做好土地规划且实施，土地供应不足。而停车场 PPP 项目能否顺利实施，很大程度上取决于政府是否能够及时供地。然而，很多城市规划预留的停车场用地根本不足，不少地方甚至几乎没有相关地块。但政府也无地可拨，即使出台新的规划，很多地也需要中长期慢慢收回。这导致一些 PPP 项目被迫“等米下锅”。

如果将 PPP 模式引入停车行业，引导社会资本投资建设公共停车场，另外一个需要解决的问题是土地来源。《关于城市停车设施规划建设及管理的指导意见》（建城〔2010〕74 号）第八条规定：“加强公共用地保障。各地做好用地保障，中心城区功能搬迁等腾出的土地应规划一定比例预留用于停车设施建设；符合《划拨用地目录》（国土资源部令第 9 号）的，可以划拨方式供地；不符合《划拨用地目录》（国土资源部令第 9 号）、同一地块上只有一个意向用地者的，可以协议出让方式供地。”可见，公共停车场的土地来源主要包括划拨、出让方式。

首先，通过划拨的方式供应土地。根据《划拨用地目录》（国土资源部令第 9

号)的规定,“对国家重点扶持的能源、交通、水利等基础设施用地项目,可以以划拨方式提供土地使用权。对以营利为目的,非国家重点扶持的能源、交通、水利等基础设施用地项目,应当以有偿方式提供土地使用权。”可见,国家严格限制划拨用地范围,即便是公共基础设施建设,也需要满足一定的条件,方可申请划拨用地。尽管《划拨用地目录》(国土资源部令第9号)中规定公共交通车辆停车场可以采取划拨方式供地,但是具体什么是公共交通车辆停车场并不清楚,公共交通车辆是仅指城市公交车辆,还是包括供私人车辆没有明确的界定。然而,对于利用城市地下公共空间建设停车场存在划拨用地的可能,在南昌、杭州等地出台的地方性政策中,为鼓励利用地下空间建设停车场,均明文规定,社会投资者可以划拨方式获取地下公共空间的使用权。

其次,经营性停车场最主要的供地方式是出让。根据《协议出让国有土地使用权规定》(国土资源部令第21号)第三条的规定,“出让国有土地使用权,除依照法律、法规和规章的规定应当采用招标、拍卖或者挂牌方式外,方可采取协议方式。”可见,国家对以协议方式出让土地规定了严格的限制性条件。根据《招标拍卖挂牌出让国有建设用地使用权规定》(国土资源部令第39号)第四条的规定,“经营性用地以及同一宗地有两个以上意向用地者的,应当以招标、拍卖或者挂牌方式出让。”因此,单纯通过协议出让的方式并不一定能保障项目用地,一旦满足招标、拍卖或者挂牌的条件,项目投资者便需要面临其他的竞拍者,进而提高用地成本,甚至导致项目土地使用权与投资者相分离,使项目推进困难。

此外,在一些地方性规定中,鼓励利用城市郊区集体建设用地上建设公共停车场。例如《杭州市人民政府办公厅关于印发鼓励和推进杭州市区公共停车场产业化发展实施办法的通知》(杭政办函〔2014〕58号)规定,“在符合土地利用总体规划和城市总体规划的前提下,可在集体建设用地上建设临时公共停车场。”《厦门经济特区机动车停车场管理条例》(厦门市人民代表大会常务委员会公告第10号)第十四条规定,“公共停车场的建设用地也可以采用下列方式提供:……(四)集体经济组织将其建设用地作为公共停车场建设用地”。尽管如此,地方性的规范性法律文件层级较低,而且与上位法存在较为明显的冲突,一旦出现纠纷,社会投资者难以援引这些规定来维护自己的权益,相关合同也极有可能被认定为无效。

最后,有一些项目不需要新建停车场,只需要运营存量资产,因此不存在以何种方式取得土地的问题，例如 TOT 模式。在这些模式下，社会资本从政府方受让存量资产的产权，根据我国“地随房走”原则，社会资本也需要获得相应的土地使用权，因此，这一问题实质为划拨用地的地上建筑物转让问题，根据《城市房地产管理法》（主席令第 18 号）第四十条的规定：“以划拨方式取得土地使用权的，转让房地产时，应当按照国务院规定，报有批准权的人民政府审批。有批准权的人民政府准予转让的，应当由受让方办理土地使用权出让手续，并依照国家有关规定缴纳土地使用权出让金。”因此，社会资本方需要缴纳土地出让金。

## 第三节　智慧停车 PPP 项目的风险管理

### 一、PPP 项目风险

PPP 项目的风险管理是 PPP 模式的一大特征。风险分配机制会对合作双方的职责、行为激励、收益预期和整个项目的回报机制都有决定性影响。

PPP 模式下的项目合作期限长、参与方多、经济风险和技术风险大等特点决定了 PPP 项目在整个实施过程中存在更多的不确定因素。PPP 项目风险贯穿于项目整个生命周期，对项目建设程序各阶段，以及项目经营等成功完成将产生差异的不确定性影响，这种不确定性可能导致项目受到损失，甚至导致项目失败。因此，采用 PPP 模式的项目除具有一般项目风险特征外，同时还具有自身的特殊性。

1. 风险因素的多样性

PPP 项目参与方众多，涉及政府部门、社会资本方和其他建设部门，基于一系列的合同、协议，涉及的权利义务关系复杂，决定了其风险因素的多样性。项目中涉及的政治、自然等外部环境及多种经济活动的影响也导致了 PPP 项目潜在风险因素的广泛性。另外，项目利益相关者众多，其对项目期望收益表现形式和衡量方式均有不同，从而导致同一风险对不同利益相关者的影响方式和作用形式也有多样性。

2. 风险因素的高不确定性

由于 PPP 项目的融资模式的多样、投资结构多样、公司合作方式多样导致 PPP 项目运作模式的多样。项目本身所具有的客观因素的不同也导致不同类型 PPP 项目的风险表现不尽相同。PPP 项目风险表现形式的多样性决定了风险的高不确定性。PPP 项目在我国的实践经验较少,由于没有固定模式可循,每一个 PPP 项目都是创新项目,就决定了 PPP 模式风险具有更高的不确定性。

3. 风险因素的阶段性

PPP 项目是一个耗费时间的过程。PPP 项目风险的发展伴随项目的发展时序呈现明显的阶段性,这些阶段都有明确的界限、里程碑和风险征兆。

(1)PPP 项目建设程序的不同阶段,项目风险的大小呈明显的阶段性。在开发阶段,项目会面临注入土地征用和融资完成延误等风险;在建设阶段,项目会面临完工风险和成本超支风险;需求风险和交通收入风险则是运行阶段的关键风险。

(2)PPP 项目所面临的主要风险种类也随时间的推移发生变化,有的风险贯穿项目始终,而有的风险只存在于项目的特定阶段。比如,政策风险、法律风险等始终贯穿整个生命周期,质量风险、完工风险主要发生在项目建设阶段。

4. 风险因素的变化性

绝大部分的项目风险虽然具备偶然性,但不是突然爆发的,是随着外界环境、实施条件和自身规律逐渐发展起来。项目外部条件和内部条件在渐变的环境下逐步发生变化时,项目风险性质、发生概率大小、损失严重程度也会随之改变。

## 二、PPP 风险分配的原则

合理的风险分配需要遵循一定的原则,这些原则必须具备两个功能,即分配的结果可以减少风险发生的概率、风险发生后造成的损失以及风险管理成本,使 PPP 项目对各方都具有吸引力,任何一方只需要为其应该承担的风险而付出代价;在项目周期内,分配的结果可以培养各方理性和谨慎的行为,这意味各方要有能力控制分配给自己的风险,并为项目的成功而有效工作。

财政部《关于印发政府和社会资本合作模式操作指南(试行)的通知》(财金〔2014〕113 号)中关于的风险分配要求:原则上,项目设计、建造、财务和运营维护等商业风险由社会资本承担,法律、政策和最低需求等风险由政府承担,不可抗力等风险由政府和社会资本合理共担。

学术界对于 PPP 项目的风险分配原则达成共识是:“由对风险最有控制力的一方承担相应的风险”“承担的风险程度与所得回报相匹配”,以及“承担的风险要有上限”。

具体而言,PPP 项目风险分配将遵循以下几点原则。

1. 由对风险最有控制力的一方承担相应的风险

PPP 项目中一方对某一风险最有控制力意味着其处在最有利的位置,能减少风险发生的概率和风险发生时的损失,从而保证了控制风险的一方用于控制风险所花费的成本是最小的,同时由于风险在其控制力之内,使其有动力为管理风险而努力。按照此原则,应该把建设风险分配给社会资本方,因为社会资本方处在最有利的位置控制项目的建设过程,社会资本方可以通过建设合同将建设风险转移给建设承包商,但社会资本方将仍然对公共管理部门负首要的责任;而有些风险如政策风险、法律变更风险、国有化风险则需要由更有控制力的公共部门来承担,因为公共部门作为政府或政府的代表,有能力影响规章制度、政策、法律和其他规定,处在比社会资本更有力的位置来识别、评价和控制这些风险。

2. 承担的风险程度与所得回报相匹配

按照上述原则,PPP 项目的大部分风险基本上都可以得到合理的分配,但仅限于容易判断出哪一方更有控制力的风险,而 PPP 项目中还存在一些双方都不具有控制力的风险,如不可抗力风险,对于双方都不具有控制力的风险,分配时则应综合考虑风险发生的可能性、政府自留风险时的成本、政府减少风险发生后所导致的损失和社会资本方承担风险的意愿。如果社会资本方要求的补偿超过了公共部门自己承担风险时支付的成本,则公共部门是不会接受的。因此,“承担的风险程度与所得回报相匹配”也应是项目风险分配的一条原则。

3. 承担的风险要有上限

在实际项目中的合同实施阶段,项目的某些风险可能会出现双方意料之外的变化或风险带来的损害比之前估计的要大得多。出现这种情况时,不能让某一方单独承担这些接近于无限大的风险,否则必将影响这些大风险的承担者管理项目的积极性,因此,应该遵从“承担的风险要有上限”的原则。

## 三、智慧停车 PPP 项目风险分配及风险防范机制

项目风险的分担是为了使 PPP 项目的成本降到最低,从而实现更加稳固的双方合作伙伴关系。在 PPP 模式中,双方风险的最佳分配方式和最优分担显得极为

重要。

智慧停车PPP项目为基础设施建设的PPP项目,项目的建设将对社会人文环境产生重大的影响,风险未被激发时,以潜在因素的形式存在,一旦爆发,就会产生对周围居民的影响、对社会文化的影响,甚至危害社会正常稳定运行。PPP停车场项目投资大、工期长、收益低等不确定的因素很多,其产生的风险也比较大,应按照风险分担原则来承担各自相应的责任,并在项目合同中做出详细规定说明。

一般来说,项目的建设、运营、管理和维护等微观层面的风险由投资者来承担,而其无法控制的政策、法律等宏观层面的风险由政府承担,自然灾害等不可抗力风险由双方共同承担。

一般停车PPP项目的风险分配机制见表5-1。

**一般停车PPP项目的风险分配机制** 表5-1

| 承担主体风险类别 | | 政府 | 社会资本方 | 共担 |
|---|---|---|---|---|
| 政策风险 | 政府信用 | √ | | |
| | 政府决策和审批延误 | √ | | |
| | 政府干预 | √ | | |
| | 政治/公众反对 | √ | | |
| | 政治不可抗力事件 | √ | | |
| 法律及合同风险 | 法律及监管体系不完善 | √ | | |
| | 法律变更 | √ | | |
| | 第三方违约风险 | | √ | |
| | 税收政策调整 | √ | | |
| | 合同文件风险 | | | √ |
| 资金风险 | 通货膨胀 | | | √ |
| | 工程建设变更 | | √ | |
| | 施工过程中发现文物* | √ | | |
| | 地质灾害风险 | | √ | |
| | 环保、生态风险 | | √ | |
| | 投资控制风险 | | √ | |
| | 供应风险 | | √ | |
| | 技术风险 | | √ | |
| | 完工风险 | | √ | |
| | 不可抗力 | | | √ |

续上表

| 承担主体风险类别 | | 政府 | 社会资本方 | 共担 |
|---|---|---|---|---|
| 经营及维护风险 | 政府部门违约 | √ | | |
| | 社会资本方违约 | | √ | |
| | 费用支付风险 | √ | | |
| | 经营成本增加 | | √ | |
| | 经营不可抗力 | | | √ |

注：*文化部门已经掌握全国地下文物的卫星物探数据，政府有关部门可以提前协调、组织保护等工作。

# 第四节　智慧停车 PPP 项目的回报机制

## 一、PPP 项目回报机制

投资回报是投资者最关心的问题。PPP 模式中回报机制作为 PPP 项目合同的核心条款，直接关系着 PPP 项目的风险分配和收益回报。

根据《政府和社会资本合作模式操作指南（试行）》（财金〔113 号〕）第三章对项目实施方案提出的要求，PPP 项目回报机制属于交易结构的一部分，主要用于说明"社会资本取得投资回报的资金来源，包括使用者付费、可行性缺口补助和政府付费等支付方式。"

三类回报机制的定义及适用条件如下。

1. 政府付费的定义及适用条件

政府付费（Government Payment）是指政府直接付费购买公共产品和服务。其与使用者付费的最大区别在于付费主体是政府，而非项目的最终使用者。适用条件为不具有向公众或终端用户收费的功能，如市政道路、综合流域治理、海绵城市等。

2. 使用者付费的定义及适用条件

使用者付费（User Charges）是指由最终消费用户直接付费购买公共产品和服务，以回收项目的建设和运营成本并获得合理收益。在此类付费项目中，项目公司一般会承担全部或部分项目需求风险。如高速公路、地铁、市政供水等项目。适用条件：

(1)项目使用需求可预测,项目需求量是否可预测以及预测需求量的多少是决定社会资本是否愿意承担需求风险的关键因素。

(2)向使用者收费具有实际可操作性,在采取使用者付费机制的公路项目中,如果公路有过多的出入口,使得车流量难以有效控制时,将会使采取使用者付费机制变得不具有成本效益,而丧失实际可操作性。

3. 可行性缺口补助的定义及适用条件

可行性缺口补助(Viability Gap Funding,VGF)是指使用者付费不足以满足项目公司成本回收和合理回报时,由政府给予项目公司一定的经济补助,以弥补使用者付费之外的缺口部分,使项目具备商业上的可行性。可行性缺口补助是在政府付费机制与使用者付费机制之外的一种折中选择,通常用于可经营性系数较低、财务效益欠佳、直接向最终用户提供服务但收费无法覆盖投资和运营回报的项目,如文化及体育场馆、保障房等。

## 二、智慧停车 PPP 项目回报机制的设计

设置回报机制考虑的主要因素则为项目产出是否可以计量、适当的激励、灵活性、可融资性、财政承受能力。

据不完全统计,目前近 73% 以上的停车场 PPP 项目回报机制都为使用者付费,只有少部分为可行性缺口补助、政府付费。那么,在智慧停车 PPP 项目中,确定项目回报机制时,是如何体现上述主要因素的呢?

1. 项目产出是否可以计量

提到产出是否可以计量,大家首先想到的可能就是供热、污水处理、垃圾处理等项目,这类项目所提供的公共产品或服务的数量和质量可以准确计量,因此也就决定了它们可以采用使用者付费和绩效付费的回报机制。

在全国 PPP 综合信息平台项目库中,可以看到大部分为多个停车场打包的项目,只有少数为单一停车场项目。在停车场建设项目中,其主要产出应当为停车泊位的建设,部分项目除了建设停车场外,还对路侧停车泊位进行了新建或智能化改造。在智慧停车项目中,项目产出除了停车泊位外还包括一些应用、系统平台等。无论是停车泊位或者智慧系统平台,都是可以被准确计量的,产出可以准确计量,收入可以进行合理预测,因此也就能够凭借收入能否覆盖住项目成本以及合理利

润这一指标来确定项目回报机制为使用者付费还是其他了。

在路侧停车泊位中，停车类型主要为临时停车，因此计算路侧停车位的收费方法为按小时计费。一个车位并非每天 24h 都存在停车，因此在估计路侧停车泊位可能产生的收入时应当合理考虑停车位的周转率以及不同车位的不同周转率。

在路外经营性公共停车场中，停车类型主要为临时停车、日租停车以及月租停车。不同停车类型有不同的停放率，整体上还要考虑一定的空置率。在路外经营性公共停车场中，不同区域中不同停车类型的收费也应当不一样，因此，在估算一个公共停车场的收入时，应该综合考虑停车场地段、停车类型等多种因素。

在立体停车场中主要停车类型为临停、日租和夜间出租，在考虑同样停放率的情况下，夜租费用一般都低于日租费用。同样，在考虑路外停车场和立体停车场主要使用功能时，路外停车场应当主要用于白天停车周转，而立体停车场则主要用于夜间长时间停车。因此，在预估日租停车费用时，路外停车场费用一般低于立体停车场费用；在预估夜租停车费用时，立体停车场费用一般低于路外停车场费用。

智慧停车 PPP 项目产出明确，收入计算方式清晰，当收入完全可以覆盖项目成本以及社会资本方应获得的合理利润时，项目回报机制即可以确定为使用者付费。

2. 适当的激励

一个项目的付费机制应当能够保证投资人获得合理的回报，若在此基础上，形成适当的、有效的激励，则更有利于确保项目实施的效率和质量。比如说在智慧停车项目中，项目在运营一段时间后，城市停车现状有所改变，乱停车现象有所减少时，政府可对项目公司进行一定的奖励。

3. 灵活性

使用者付费模式下，为了确保投资人能收回投资收益，项目合作期限一般很长，因此，为了更好应对项目实施过程中可能发生的各种形势变更，项目也要设置一定的变更或调整机制。比如说在智慧停车项目建设中，项目公司可以依据市场原则对停车费用进行自主定价，当定价需要调整时，政府方面应当配合进行调整。

4. 可融资性

现阶段，很多项目无法落地的重要原因之一就是融不到资，而金融机构来判断一个项目是否能够投资的一个重要因素就是是否有稳定的现金流。使用者付费的智慧停车 PPP 项目虽然没有政府纳入财政预算的稳定收入,但是政府保证项目最低需求量的时候也相当于项目有了可预测的稳定收入,在收入可观的情况下,也更有利于增加对融资方的吸引力。

5. 财政承受能力

智慧停车 PPP 项目中,多数为使用者付费,因此不存在政府运营补贴支出,其他部分的支出在政府一般公共预算支出中占的比例也并不高。在小部分采用政府付费和可行性缺口补助机制的智慧停车 PPP 项目中,财政承受能力关系到项目公司能否按时足额地获得付费,因此需要事先对政府的财政承受能力进行评估。项目要充分考虑现有财政承受能力的可利用性,也要充分挖掘项目能够产生收入的来源,即在考虑停车费收入作为项目主要收入的同时,也要考虑广告收入、配建商业面积租售等其他收入。

## 三、停车 PPP 项目要建立合理的价格机制

科学的价格机制是保障 PPP 项目在停车场运行的关键因素之一。政府、私营企业和消费者三方在停车场 PPP 项目中所关注的目标不同,因此在建立定价机制时,政府作为监管者,既要顾及公众利益,又要保证私营部门有利可图,寻求最优的价格调价机制,这样才能吸引更多的私有资金投入停车场建设,缓解财政压力。除了加强价格制度监管之外,要完善价格听证制度,为各方提供交流沟通的平台,保证定价机制的合理性、公正性。

1. 定价机制

由于停车设施服务的特点,主要为使用者付费。根据 2015 年 1 月财政部印发的《PPP 项目合同指南(试行)》(财金〔2014〕156 号),PPP 项目使用者付费的定价方式主要有:项目公司根据市场价格制定;项目公司与政府在 PPP 项目合同中约定;由《中华人民共和国价格法》等法律法规及政策规定确定。由此可见,定价方式可以分为两类,一类是政府参与,另一类则是由政府不参与的市场决定。

从政府角度来说,希望减轻财政负担,选择合适投资人提供消费者满意的停车服务,尽可能满足最大社会效益;从消费者角度来说,希望较低的停车收费;从投资者的角度看,希望获得较高的投资利润,即较低的成本和较高的停车收费定价。因

此,制定一个各方能够接受且社会福利最大化,政府、企业、消费者三方均能接受的平衡定价是项目能顺利推进的关键。

在制定停车场定价机制时,首先综合考虑企业的收益目标、项目本身的社会经济效益、使用者的价格承受范围以及法律法规等因素,初步制定一个价格方案,然后根据《中华人民共和国价格法》中的相关规定,举行听证会,征求消费者、经营者和有关方面的意见做出相关的调整。

2. 调价机制

目前的基础设施调价主要有两种方式。

(1)按照 PPP 项目合同中的约定,项目公司提交包含完整调价依据的申请,政府主管部门对其进行论证复核,若符合价格调整条件,予以批复、准予实施。这是最常用的价格调整方式,政府能够通过行政手段干预价格,避免企业过度追求利益而损害了消费者的利益。

但也在某种程度上影响了企业运营积极性,因为这种方式限制了企业自主定价权利,其无法根据外部因素对价格进行动态调整。

(2)由项目公司自行调整,企业根据市场变化规律自主调整后向相关部门备案即可,无须政府主管部门审核。这种方式下将停车价格调节完全交由市场决定,固然可以调动企业进入停车产业的积极性,但在 PPP 模式特许经营下的停车行业具有垄断性,缺乏一定的限制后市场行为会损害消费者的利益,也不利于停车产业的发展。

为了保护消费者的利益,保证企业的市场竞争能力及运营积极性,需要制定一个合理可行的价格调整制度。项目公司需要具备一定自主调节价格的能力,以发挥价格的杠杆作用调节需求,但是政府的监管也不可或缺,政府必须发挥管理职能,对停车价格形成影响,在项目的建设和运用中引入市场但又不能完全放松管制。政府与企业可以约定一个调价的限度或者次数,或者可以在项目合同中约定针对管理成本、停车需求和风险水平等不同的调价因素,采用不同的调价方式。无论是定价还是调价,都应充分发挥市场和政府的作用,建立符合 PPP 模式下停车场价格形成机制,提高停车企业运营效率,优化资源配置,促进社会分配公平,实现社会福利最大化。

# 第五节　智慧停车 PPP 项目的融资

## 一、我国 PPP 项目融资现状

PPP 模式比较强调项目主体的概念,因此更多体现出项目融资的理念和方法。而项目融资的过程不依赖于项目投资人或发起人的资信状况或其有形资产,而是根据项目的预期收益、现金流量和项目资产价值安排融资,项目因素直接影响项目融资的结构和进程。

具体来说,PPP 模式融资具有以下特点。

1. 有限追索性

一般 PPP 项目在融资过程中常常仅以项目资产和项目在运行中产生的现金流量作为项目融资的担保或债务偿还的来源,同时在项目产生风险时仅对项目资产和现金流量有追索权,而对项目发起人的其他财产没有追索权或仅有有限追索权。PPP 模式融资项目的有限追索权实现了合理分配风险,加强了对项目收益的控制并保留了较高的投资回报。

2. 表外融资性

SPV 公司成为项目贷款的直接债务人,使得项目发起人不会因为该项目的大量负债在资产负债表中体现,而对其债务信用评级产生影响,从而减轻其还本付息的责任及债务负担,且不影响其继续筹集所需资金。

3. 项目的稳定性

由于我国目前鼓励采用 PPP 模式的包括交通运输、环境保护、医疗卫生等大多是事关国计民生的,项目失败不仅会给各相关方造成远高于服务供给成本的经济损失,更会给项目所属的地方政府带来无法回避的社会稳定等问题。因此项目的持续稳定是地方政府关注的首要问题,这也就决定了地方政府在维系项目运营方面的间接责任。

那么,基于 PPP 模式的融资特点,有哪些融资途径呢?

PPP 项目融资涉及 PPP 项目前期融资、PPP 项目建设期融资、PPP 项目运营期融资(再融资)和 PPP 移交期(社会资本退出)的融资安排。而 PPP 模式下对项目进行融资，不仅针对不同的项目阶段需要选择不同的金融产品，不同的项目付费方式，也会影响其融资方式或金融产品的选择。

我国政府对于 PPP 项目的融资途径也给出了指导性意见。国务院《关于加强地方政府性债务管理的意见》（国发〔2014〕43 号）指出："……投资者或特别项目的公司可以通过银行贷款、企业债券、项目收益债券、资产证券化等市场化方式举债……"国务院《关于创新重点领域投融资机制鼓励社会投资的指导意见》（国发〔2014〕60 号）指出："……支持重点领域建设项目采用企业债券、项目收益债券、公司债券、中期票据等方式通过债券市场筹措投资资金。推动铁路、公路、机场等交通项目建设企业应收账款证券化……"《基础设施和公用事业特许经营管理办法》（中华人民共和国国家发展和改革委员会　中华人民共和国财政部　中华人民共和国住房和城乡建设部　中华人民共和国交通运输部　中华人民共和国水利部　中国人民银行令第 25 号）指出："……国家鼓励通过设立产业基金等形式入股提供特许经营项目资本金。鼓励特许经营项目公司进行结构化融资，发行项目收益票据和资产支持票据等。国家鼓励特许经营项目采用成立私募基金，引入战略投资者，发行企业债券、项目收益债券、公司债券、非金融企业债务融资工具等方式拓宽投融资渠道……""县级以上人民政府有关部门可以探索与金融机构设立基础设施和公用事业特许经营引导基金，并通过投资补助、财政补贴、贷款贴息等方式，支持有关特许经营项目建设运营"等。

总的来说，根据一项广泛的调查显示，PPP 项目融资的资金来源按大类分，包括股权投资、债务融资、开发性资金和夹层资本。其中，股权投资又包括货币出资和实物出资，是项目公司进行其他方式融资的基础；债务融资是项目公司最主要的融资渠道，融资工具包括银行贷款和发行债券；在金融市场不够发达的地区，开发性资金是传统融资工具的重要补充；随着金融工具的不断创新，夹层资本也越来越多地运用到 PPP 项目融资中。

在 PPP 项目的运营期，随着项目公司逐渐产生稳定的现金流，可以通过资产证券化、售后回租等表外工具进行融资。

总结我国现行 PPP 项目融资方式，可以概括为：重银行贷款，轻其他融资工具。尽管目前国家鼓励 PPP 项目可以使用资产证券化、信托、基金等多种方式融资，但实践中仍然很少采用。相关研究数据显示，贷款类融资仍是目前 PPP 项目最主要的融资方式。

PPP 项目融资的资金来源如图 5-3 所示。

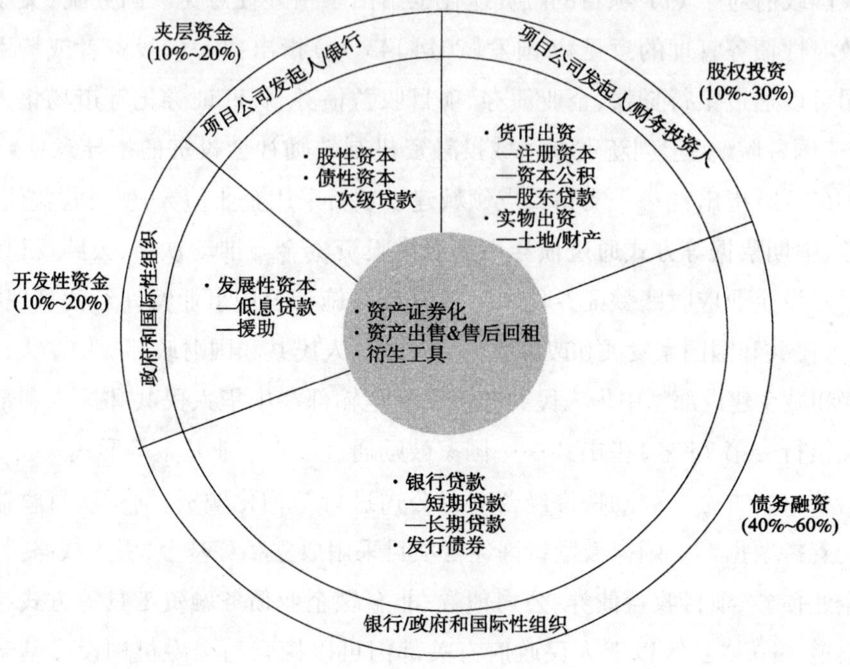


图 5-3　PPP 项目融资的资金来源

事实上，在实际操作层面，完全可以依法合规地通过结构化的设计与安排实现政府和社会资本的双赢。通过结构化设计出资本进入、退出的方式、路径，安排不同金融工具、通道的组合，实现资金从规模、成本、期限上的错配。结构设计的前提是金融机构尽早进入之后共同参与项目结构、SPV 股权结构、投融资结构的结构化安排。结构设计会影响项目的收益回报机制，好的结构设计能够成功融资。

## 二、停车产业的建设融资创新

1. PPP 模式

“停车场建设是最适合政府和社会资本合作的项目领域。”国家发改委副主任连维良如是说。

四川省发改委等三个部门联合发文，要求省内 7 个重要城市大力推进公共停车领域 PPP 模式，将其作为投融资的重点创新项目，形成示范效应。

PPP 模式运于停车产业建设的一种融资方式，但不能把 PPP 模式简单化地作为政府的一种投融资手段。

2. 项目收益债券

项目收益债券是指与特定项目相联系的，债券募集资金用于特定项目的投资与建设，债券的本息偿还资金完全或基本来源于项目建成后运营收益的企业债券。

与一般企业债券相比，项目收益债券最大特点在于"融资—投资—项目投入—本息偿付"资金流的封闭运行，即从募集资金的筹集使用到项目资金回收，再到债券本息的偿付，都在闭合的环境中操作，实现资金的专款专用，同时保证债券的偿付。

作为项目收益债券的品种之一，停车场项目经营现金流测算直观，项目结构设计相对简单，风险较为可控，市场机构更乐于包装，是目前市场已发行专项债券中占比最高的产品。

2015 年 4 月《城市停车场建设专项债券发行指引》出台以来，截至 2016 年 8 月 30 日，国内共成功发行 30 余例停车场专项债券，发行总规模 455.6 亿元。

截至 2016 年 8 月 30 日，广东省成功发行专项债券数量最多，其次为湖南省、浙江省、重庆、贵州省与安徽省。截至 2016 年 8 月 30 日，城市停车场专项债券发行主体层级主要为地级市和省会（单列市），在 30 只停车场专项债券中有 15 个属于地级市平台。

2015 年以来专项债券累计发行 158 只，募集总规模接近 2000 亿元，其中停车场专项债券发行数量和募集资金规模居前列。

3. ABS + PPP

2016 年 12 月 26 日，国家发展和改革委、中国证监会联合发布《关于推进传统基础设施领域政府和社会资本合作（PPP）项目资产证券化相关工作的通知》（国发〔2014〕60 号），这是国家发展和改革委和证监会首次联合发文力推 PPP + ABS 的创新融资模式，资产证券化由此成为 PPP 项目 2017 年的开台锣鼓。

PPP 项目资产证券化（简称"PPP + ABS"）的基础资产主要有 3 种类型：收益权资产、债权资产和股权资产。其中收益权资产是 PPP 项目资产证券化最主要的基础资产类型，包括使用者付费模式下的收费收益权、政府付费模式下的财政补贴、

"可行性缺口"模式下的收费收益权和财政补贴;债权资产主要包括 PPP 项目银行贷款、PPP 项目金融租赁债权和企业应收账款/委托贷款;股权资产主要是指 PPP 项目公司股权或基金份额所有权。

2017 年 7 月,全国首单公共停车场 PPP 资产证券化项目正式落地,ABS 的底层资产为资阳市雁江区停车场 PPP 项目。

## 第六节　智慧停车 PPP 项目的监管与绩效考核

### 一、PPP 项目监管

PPP 项目合作周期长,对项目全生命周期实施有效监管是保障项目良好运营、保障项目各参与方利益最大化的重要手段之一,监管方式主要包括政府监管和社会公众监督。

1. 政府监管

政府监管主要是通过实施机构、财政部门(或 PPP 中心)、发改部门、审计部门、物价部门等相关职能部门对项目进行监管。为提高政府监督效率,针对具体 PPP 项目,有的地方政府建立了 PPP 项目监管小组,明确各相关部门的监管职责及具体监管范围。一般情况下,政府对项目的监管主要是以下几点:

(1)在项目前期,主要是由国家发展和改革委、国土资源部、规划等相关职能部门对项目前期论证资料进行审查。

(2)实施机构对项目识别、论证、采购、执行及移交等环节进行实时监管。在此期间,由本级财政部门把控 PPP 模式实施的必要性和可行性,进行物有所值评价和财政承受能力论证;法制办等相关部门对 PPP 项目合同进行审核;采购办对项目采购程序进行审核备案。

(3)项目实施机构监督项目公司股东按时足额出资、项目公司组建进度以及保函提交情况等。

(4)项目开工前,行业主管部门对施工图设计进行审核,必要时可聘请专家进行审核;财政评审中心对施工图预算进行审查。

建设期内,实施机构对工程进度、质量进行全程监督,对与社会资本或项目公司合作的勘察单位、设计单位、工程施工承包商、设备供应商、监理单位等进行监督,对项目公司的勘察、设计、建设等工作进行监督。其中,监理单位的遴选可由社会资本或项目公司负责,也可由政府方负责。

财政评审中心或审计局对项目各项费用、建设投资、工程决算等进行审计。

运营期内,项目实施机构通过绩效考核机制、中期评估机制对项目运营进行监管。涉及公共产品和服务价格的,由物价部门对其进行监管。

通常政府方会要求在项目公司中派驻董事、监事及财务人员。对于涉及公司重大资产处置、社会公共安全和公共利益的重大决策,政府方股东具有一票否决权。

2. 社会公众监督

政府和社会资本或项目公司对 PPP 项目的相关信息依法进行公开披露,社会公众如发现项目存在违法违规情形,或公共产品和服务不达标准等情况,可向政府职能部门提请监督检查。

## 二、PPP 绩效考核政策分析

1. 财政部关于印发《政府和社会资本合作项目财政管理暂行办法》的通知(财金〔2016〕92 号)

(1)第二十五条　各级财政部门应当会同行业主管部门开展 PPP 项目绩效运行监控,对绩效目标运行情况进行跟踪管理和定期检查,确保阶段性目标与资金支付相匹配,开展中期绩效评估,最终促进实现项目绩效目标。监控中发现绩效运行与原定绩效目标偏离时,应及时采取措施予以纠正。

(2)第二十七条　各级财政部门应当会同行业主管部门在 PPP 项目全生命周期内,按照事先约定的绩效目标,对项目产出、实际效果、成本收益、可持续性等方面进行绩效评价,也可委托第三方专业机构提出评价意见。

(3)第二十八条　各级财政部门应依据绩效评价结果合理安排财政预算资金。

对于绩效评价达标的项目,财政部门应当按照合同约定,向项目公司或社会资本方及时足额安排相关支出。

对于绩效评价不达标的项目,财政部门应当按照合同约定扣减相应费用或补贴支出。

2. 财政部办公厅关于《规范政府和社会资本合作(PPP)综合信息平台项目库管理》的通知(财办金〔2017〕92号)

存在下列情形之一的项目,不得入库。

未建立按效付费机制。包括通过政府付费或可行性缺口补助方式获得回报,但未建立与项目产出绩效相挂钩的付费机制的;政府付费或可行性缺口补助在项目合作期内未连续、平滑支付,导致某一时期内财政支出压力激增的;项目建设成本不参与绩效考核,或实际与绩效考核结果挂钩部分占比不足30%,固化政府支出责任的。

3. 分析

(1)财办金〔2017〕92号文将绩效考核结果与财政部是否安排财政资金挂钩,可见PPP机制"重运营"的理念,一方面,激发社会资本运营能力可有效提升运营效果,减少政府付费;另一方面,运营效果不佳将减少已安排的财政预算资金,可倒逼社会资本通过真实、有效的运营获得项目收入,以减少财政资金的支付。

(2)从财办金〔2017〕92号文中可看出PPP项目绩效考核应履行的大致流程:

①在项目准备阶段制定全面的、合理的、可有效执行的绩效考核标准或绩效目标,考核内容包括但不限于项目产出、实际效果、成本收益、可持续性等方面。

②制定符合项目全生命周期运作体系的绩效评估办法,包括如何实现实时监控、跟踪管理、定期检查、中期评估等详细操作步骤。

③依据《绩效考核标准》《绩效评估办法》对项目展开评估工作,并将评估结果与安排的财政预算资金展开有效结合,绩效评估结果将直接影响政府财政预算资金的支付。

(3)财办金〔2017〕92号文对新项目申请纳入项目管理库做了严格的入库前提条件限制,条件之一即为"未建立按效付费机制"。该规定进一步延伸了财办金〔2017〕92号文中对绩效考核与财政预算资金之间的关系,新项目若未建立按效付费机制,项目将无法入库,从源头上促进了项目绩效付费的建立。

## 三、PPP项目绩效考核方法

绩效考核的目的是公共服务质量效率提高的满足度。

从宏观角度上看,所有的管理活动,其中的考核机制都有一个共同的目的,都是为了通过绩效考核,引导、监督和落实,实现任务或目标的完成,PPP 项目的绩效考核自然也不例外。

谈 PPP 项目的绩效考核机制,首先需要明确绩效考核任务和目标。从通用的角度看,我们大家常说的“提高公共服务的质量和效率”,就是 PPP 绩效考核机制的最终目的。因此,绩效机制必须紧紧围绕这一最终目的。

绩效考核如何把握这一目的,最直接的思路,就是转变考核设计思路的角度,从公共服务需求满足度视角看问题,应该考核什么,怎么设计考核方式,考核结果如何应用。

按照公认的说法,绩效考核本身是应用于企业内部对于个体进行的管理机制之一,是指考核主体对照工作目标和绩效标准,采用科学的考核方式,评定员工的工作任务完成情况、员工的工作职责履行程度和员工的发展情况,并且将评定结果反馈给员工的过程,是企业管理或者人力资源管理中的一个重要环节。常见绩效考核方法包括 BSC、KPI 及 360 度考核等。

PPP 项目的绩效考核,则是站在政府角度,对社会资本(项目公司)所提供的公共服务质量和效率进行的考核,是对一个组织的整体考核。

PPP 项目绩效考核,必须根据不同的 PPP 项目,尤其是不同运作方式、回报机制等,注重不同的考核机制设计。

**(一)PPP 项目 KPI 考核法**

KPI(Key Performance Indicators)关键指标考核法,即根据 PPP 项目的战略目标,细化成可操作的量化指标,再对相关指标设置不同的权重,加权计算后得到考核结果。

对于 PPP 项目来说,可以根据不同运作方式的项目,做不同的设计。可供选择的指标主要有几类,根据 PPP 项目类型及战略导向,采取不同权重下的指标组合使用。

1. 效益类指标

如净利润值、净现金流、资产盈利效率、资产负债比例等常见的财务指标。这类指标对于 BOO 运作方式,以及回报机制为消费者付费类型的 PPP 项目来说,是最为重要的指标。因为项目公司运行质量,即公共服务提供的好坏,最终会体现持续的收入上。

在我们国家国资委对央企的考核中,也常使用 EVA 的指标。EVA(Economic Value Added)即经济增加值,就是税后净营运利润减去投入资本的机会成本后的所得,考核的是资本费用。

2. 营运类指标

如部门管理费用控制、市场份额等,这类指标通常用于对项目公司营运成本更为关注的 PPP 项目。类似的项目常见于 O&M 或 MC 等运作方式中,也可以运用在对项目公司运营成本不清晰或需要后期加强监管的其他项目。

通过加强对营运类指标的考核,确保运营成本。还可以在前期设计中,与调价机制相结合,确保项目公司盈利而不暴利。

3. 组织类指标

如满意度水平、服务效率等。这类指标对于政府付费等没有第三方受益的 PPP 项目来说尤为重要。当然,在其他 PPP 项目中,也会根据不同目的不同权重搭配使用。

**(二)PPP 项目 BSC 考核法**

BSC(Balance Score Card)即平衡计分卡,是由哈佛商学院罗伯特·卡普兰和戴维·诺顿于 1992 年发明的一种绩效管理和绩效考核的工具。

PPP 项目的 BSC 考核,围绕 PPP 项目的目的,即项目公司的战略目标,从财务、顾客、内部过程、学习与创新这四个方面对项目公司进行全面的测评。

这种考核方法,和 KPI 相比,用更全面的视角对项目进行考核,一定程度上更适合合作期较长的 PPP 项目,追求长期稳定良好的考核效果。

对 PPP 项目进行考核,主要从四大方面进行考虑。

1. 财务方面

这方面的考核,主要目的是满足股东的需要,体现企业管理者努力的实际效果。指标包括传统的财务指标,如销售额、利润额、资产利用率等。

2. 受众方面

这方面的考核,主要目的是满足社会公众的需要,体现社会公众对公共服务质量的体验感受满意。其指标可以是顾客满意度等。

3. 内部过程方面

这方面的考核，主要目的是满足监管者对其公共服务质量的过程监督，以及决策过程的科学性合理性，避免最终不满意的结果。其指标可以根据项目的管理过程设置，如经营成本、每日运行指标、产品质量合格程度、出勤率等。

4. 学习和创新方面

这方面的考核，主要目的是加强对项目公司创新发展能力的考核，发挥其专业优势，确保公共服务的效率提高。其指标可以设置为培训考核、员工文化素质比例、员工持专业资质证比例、专利取得数量、节能能力等。

**（三）PPP 项目 360 °FB 考核法**

360°反馈（360°Feedback），又称“360°绩效考核法”或“全方位考核法”，在 PPP 项目中，可以由项目公司自身、监管机构、社会大众、业务上下游或相关业务部门或组织、项目公司内部员工等全方位的各个角度来对项目公司进行考核。

这种考核方法的特点包含了自我考核、上下游或相关单位的考核。

考核的指标与上述两种方法相似，这里不再赘述，可以根据不同考核角度稍作调整，如上下游或相关业务单位考核时，设置体现配合度的指标，如配合联动相应效率等。

采用 360°考试时，需要注意的是，相关指标设计时，不仅要注重指标权重设计，更重要的是如何就多角度考核的权重问题。比如自我考核得分应该占用多大权重，员工考核应该占用多大权重等，这要根据项目具体情况设计。

**（四）PPP 项目其他绩效考核方法**

除了以上常用的三种考核方法外，PPP 项目的绩效考核，还可以采用目标管理法、等级划分法等，可以根据不同项目、不同考核成本进行设计。

比如，在一些较为简单的 PPP 项目中，可以直接选用等级划分法，分为优秀、优良、及格、不及格等等级，由考核单位直接对其进行选定。

要说明的是，无论采用哪种方法，均可以提前确定得分总分设计，以及从满分减分的负激励方式，还是总分固定可以加减分的正负激励方式。

## 四、停车 PPP 项目绩效考核方案的设计要点

在 PPP 项目中，科学完善的绩效考核制度（仅指项目合作期内的绩效考核，不

包括中期评估),是政府方维护公众利益、监督社会资本方切实履行相关职责和义务的必要且有效的手段。停车 PPP 项目绩效考核方案的几个设计要点:

(1)应当重视考核主体的选择。该问题在实操中往往容易被忽视。绩效考核主体代表政府对项目运作效果进行评价,对评价结果负责。需强调的是这里“考核主体”实际上是考核责任主体,有可能与考核实施主体不一致。这是因为,目前PPP 模式尚处于规范起步阶段,单一政府职能部门承担项目履约监管职责尚有难度,对此,我们认为,除了项目实施机构,政府也可指定其他合适的政府主体协助项目实施机构,或在项目实施机构认为有必要时允许其聘请第三方专业机构来对社会资本方进行绩效考核,但此两种情形下的绩效考核责任主体是唯一的,仍为项目实施机构。

(2)明确考核内容和评价标准。在建设期绩效考核指标类别包括安全、质量、工期、环保、节能、造价六大类,具体指标执行国家、地方和行业的相应标准以及批准的设计文件要求。运营期主要从三方面进行考核:一是项目公司规范化管理制度建设、操作台账及运维记录等内业资料完备性进行考核;二是对设备运行情况以及设备设施完好程度进行实地考核,主要评价指标包括:路面标线清晰程度、智能停车云平台运行情况、其他设备设施运行情况;三是停车场内管理指标,包括场内卫生情况、管理人员着装等方面。另外还要明确移交考核的内容和标准。

针对每个考核项应设置详细的评价指标和考核得分标准,这是整个绩效考核方案设计的重点也是难点所在。

(3)应将常规考核与临时考核相结合。考核方法上,将常规考核与临时考核相结合,以及将技术考核(如取样、实地观测)与公众反馈(如设立渠道收集意见并分析统计)相结合是两条应坚持的基本考核方式。

(4)要注重绩效考核结果的应用。绩效考核不是目的,而是依据和手段。一是绩效考核结果应当与按效付费相关联,是按效付费的依据。二是关联比例确定应体现绩效考核的激励约束原则,是实现既有“激励”又有“约束”的有效手段。需注意的是:考核周期内的政府付费既可“全额”也可“部分”与绩效考核结果关联,具体应视治理客观难度确定,而不是“一刀切”。

以上所述的考核办法,是在特定时间内、针对可预见的项目运作状态和产出需求而确定的相对稳定的一套考核制度。不过对于政府与社会资本合作的环境绩效服务类的这种长期合作合同来说,不仅需要考虑相对稳定的项目运作状态和产出需求,还需考虑到远期视情形做出调整的基本规则,因而需要对允许调整的范围、拟重新确定的指标分值权重、调整频次、启动调整的触发机制等关键事项同步予以明确,以作为今后调整依据。

## 第七节　智慧停车 PPP 项目的合同体系

一个 PPP 项目涉及众多干系人,众多的利益方,关系错综复杂。为保证项目的顺利运行,PPP 项目需要一系列的合同来约束,形成一个 PPP 项目合同体系(图 5-4)。PPP 各参与主体的权利义务关系通过合同体系得以体现。合同体系通常包括:PPP 项目合同、股东协议(合资合同)、履约合同、融资合同和保险合同等。其中,PPP 项目合同是合同体系的灵魂和核心。值得注意的是,在 PPP 项目合同体系中,各个合同之间紧密联系,相互贯通比存在一定的"传导关系"。

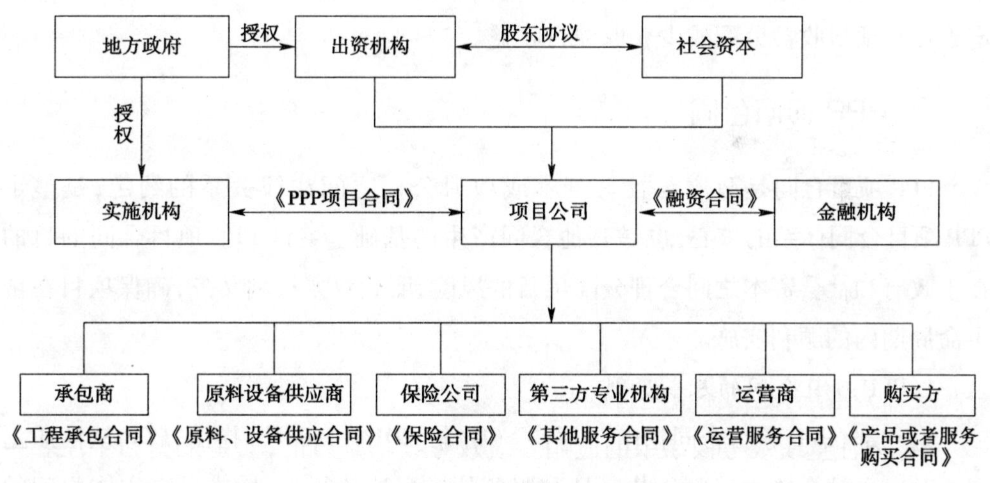


图 5-4　合同体系

### 一、PPP 项目股东协议

PPP 项目股东协议,是明确项目公司股东之间权利与义务关系的合同。实践中,项目公司可以由社会资本单独出资成立(社会资本可以是一家企业,也可以是企业联合体),也可以由政府与社会资本共同出资成立。在存在多个股东的情形下,为了约定成立项目公司的事项,股东之间有必要通过股东协议对相关的权利义务合理安排,以建立长期的、有约束力的合作关系。

一般而言,社会资本是项目公司的主要股东,包括希望参与项目的开发商、资金提供方和运营商等主体。政府方为参与项目的重大决策、实现对项目的有效监督,可以参股成为项目公司股东。财政部《PPP项目合同指南(试行)》(财金〔2014〕156号)明确指出:政府出资参与设立项目公司的,“政府在项目公司中的持股比例应当低于50%且不具有实际控制力和管理权”。实践中,政府可指定相关机构作为政府方出资代表履行政府方的出资义务,出资的比例由政府方根据项目的实际情况合理确定。PPP模式的主要意义是利用社会资本在投融资、设计、建设、运营及管理等方面的专业优势,让专业的人做专业的事。因此,社会资本必须在项目的投融资、设计、建设、运营中占主导地位;政府方仅对特定的事项拥有监督管理的权力,比如对涉及公共利益的一票否决权,但不负责具体事务实施。政府方股东在项目公司所享有的权利和承担的义务与其他股东基本相同,但政府可以决定不参与项目收益分配或少获取项目收益。

## 二、PPP项目合同

PPP项目合同是政府与社会资本或项目公司之间法律关系的约定,是整个PPP项目合同体系的核心,也是其他合同产生的基础。签订PPP项目合同的目的在于政府和社会资本之间合理分配项目的风险,明确双方权利义务,确保项目在全生命周期内的顺利实施。

### 1. PPP项目合同的基本原则

财政部《PPP项目合同指南(试行)》(财金〔2014〕156号)指出,PPP从性质上属于政府向社会资本采购公共产品和服务的民事法律行为,构成民事主体之间的民事法律关系。同时,政府作为公共事务的管理者,在履行PPP项目的规划、管理、监督等行政职能时,政府与社会资本之间构成行政法律关系。因此,PPP项目合同是兼有民事合同与行政合同性质的混合法律合同。其中,前一个关系解决是否违约的问题,后一个关系解决是否违法的问题。

根据《中华人民共和国合同法》的相关规定,PPP项目合同的签订需要遵循一定的基本原则,包括平等原则、自愿原则、公平原则、诚实信用原则以及合法性原则。尽管 PPP 项目的一方主体是具有一定行政权力的政府或授权主体,PPP 项目合同的性质理论上不同于一般的民事合同,但考虑到 PPP 项目合同的主要内容为政府和社会资本合作,政府拥有的行政监督权以及为保障公共利益而预设的介入、临时接管等权利必须严格按合同约定行使。社会资本在合同的协商一致过程中有同等的发言权,具有平等性和自由性。社会资本的合法权益不受政府的非法干预,坚持 PPP 项目合同的"平等性",才能更好推广 PPP 模式应用,增强社会资本尤其是民营企业参与 PPP 项目的信心。

2. PPP 项目合同的主要内容

关于 PPP 项目合同的主要内容,财政部公布的《PPP 项目合同指南(试行)》与国家发展和改革委员会公布的《政府和社会资本合作项目通用合同指南(2014 年版)》所阐述的 PPP 项目合同的主要内容和核心条款基本相同,主要内容包括:PPP 项目合同概述、引言、定义和解释、项目的范围和期限、前提条件、项目融资、项目用地、项目的建设、运营维护、股权变更限制、付费机制、履约担保、政府承诺、保险、守法义务和法律变更、不可抗力、政府方的监督和介入、违约、提前终止及终止后处理机制、项目的移交和适用法律及争议解决等内容。

需要说明的是,以上指南规定的主要内容只是作为参考,在实践中,PPP 项目合同内容要结合项目实际情况和合同各方主体实际需要来确定。

## 三、履约合同

PPP 项目履约合同是指 PPP 项目合同签订后,由社会资本或项目公司根据 PPP 项目的实施进程,按照 PPP 项目合同的约定,为履行投融资、设计、建设、运营等义务而与其他主体签订的一系列专业合同的总称。实践中,履约合同通常包含工程承包合同、运营服务合同、原料供应合同、产品或服务销售合同等。

1. 工程承包合同

在 PPP 项目中,中标的社会资本可能只是项目投资人和运营管理者,其本身不具备设计、建设的资质或条件。在这种情况下,项目的全部或部分设计、建设工作可以委托给工程承包商,签订工程承包合同。工程承包可以与单一承包商签订总承包合同,也可以分别与不同承包商签订合同。承包商的选择除要遵循相关法律法规的规定外,还要经过政府或授权主体的同意。

为确保PPP项目的实施效率,政府或授权主体有可能在采购文件中要求参与项目的社会资本自身具备设计与建设的相关资质与能力,或者允许具备设计与建设资质与能力的相关企业组成联合体参与投标。确定中标社会资本后,相关设计、建设等单项项目则无须再行招标,由社会资本或联合体中拥有相应资质与能力的成员直接与项目公司签订工程承包合同。

2. 运营服务合同

PPP适用的基础设施和公共服务领域专业性较强,尤其是项目的运营与维护对于社会资本的相关能力和经验要求很高。实践中,社会资本或项目公司考虑到PPP项目运营内容和自身管理能力,可以将项目的运营和维护全部或部分外包给经验丰富的专业运营商,并与其签订运营服务合同,通过项目的良好运营获取合理回报。不过,由于运营维护的外包直接涉及公共产品或服务的供给质量和效率,需要事先取得政府或授权主体的同意。但无论如何,社会资本或项目公司是运营维护义务的最终承担主体,PPP项目合同中约定的社会资本或项目公司的运营与维护责任不会因全部或部分运营维护事务分包给运营商而豁免或解除。因此,社会资本或项目公司要优先选择那些资信状况良好、管理经营丰富的专业运营商,以避免项目管理不善造成亏损;同时,与专业运营商签订的运营服务合同要合理分配风险或者通过购买保险等途径转移风险,以确保项目顺利运营并获得稳定收益,同时提升公共产品或服务的供给质量和效率。

3. 原料供应合同

原料供应合同只存在于那些在运营阶段对于原材料需求很大、原料成本在整个项目运营成本中占比较大的PPP项目。例如燃煤电厂项目中的燃煤。由于PPP项目的运营周期长,受价格波动、市场供给等影响大,无法保证原料能够随时在公开市场上以平稳价格获取,继而可能影响整个项目的持续稳定运营。为了防范原料供应风险,社会资本或项目公司通常会与原料的主要供应商签订长期原料供应合同,并且约定一个相对稳定的原料价格,以保证原料的长期供应。除买卖合同一般性条款外,PPP项目原料供应合同通常还会包括“照供不误”条款,即要求供应商在约定的时期内以满足需要的数量、稳定的价格和稳定的质量提供原料。

4. 产品或服务销售合同

在 PPP 项目中,社会资本或项目公司的投资回报来源于向社会公众提供公共产品或服务所获取的收益。稳定的公共产品或服务的销售意味着稳定的收益来源。因而建立健全、完善的公共产品或服务销售机制至关重要。根据 PPP 项目付费机制的不同,项目产品或服务的销售对象是政府(政府付费),也可能是作为最终使用者的社会公众(使用者付费),产品或服务销售合同是明确社会资本或项目公司与产品或服务购买方权利和义务的买卖合同。以供电项目为例,政府电力主管部门或国有电力公司通常会事先与社会资本或项目公司签订电力购买协议,约定双方的购电和供电义务。此外,在某些公共产品或服务销售合同中还可能包括“照付不议”条款,即只要产品或服务提供方按照最低采购量供应,不论购买方实际是否需要,都应该按照最低采购量支付相应价款。

## 四、融资合同

PPP 项目的融资安排是保障 PPP 项目顺利实施的关键。狭义的融资合同是指社会资本或项目公司与资金提供方签订的项目贷款合同。同时,资金提供方为保证贷款资金的安全性,往往要求社会资本或项目公司以其财产或其他权益作为抵押或质押,或由其股东提供某种形式的担保,或在 PPP 项目合同中明确项目提前终止时资金提供方的介入与补救机制。这些融资保障措施通常体现在担保人与资金提供方签订的担保合同,政府与资金提供方和社会资本或项目公司签订的直接介入协议等多个合同中,由此组成广义的融资合同,保证 PPP 项目的融资需求。

值得注意的是,根据《中华人民共和国担保法》的规定,政府或授权主体不得为项目融资提供任何形式的担保,但可以在法律法规规定的范围内,基于资金提供方的合理要求,给予适当的协助并提供项目融资所需的相关文件。

## 五、保险合同

保险合同是指负责 PPP 项目投融资、建设运营的社会资本或项目公司,在项目实施的不同阶段针对可能发生的不同风险分别进行投保而与保险公司签订的合同。在 PPP 项目合同中,通常会设专章来约定项目公司或社会资本购买和维持保险的义务以及只要求购买的保险种类。保险类别包括但不限于建筑工程一切险、安装工程一切险、第三者责任险、雇主责任险、业务中断险、货物运输险等。

## 六、其他合同

在PPP项目的实施过程中,还可能会涉及其他的合同。例如,政府或社会资本方与第三方专业咨询服务机构签署的关于投融资、财务、税务、技术、法律等方面的咨询服务合同;为确保项目工程的建设质量、进度和安全,社会资本或项目公司要依法聘请监理单位并与之签订监理合同等。

综上所述,PPP的合同体系反映了PPP模式是项目多方参与主体通过风险分担实现共赢的有效机制,PPP模式下法律关系的错综复杂也在合同体系中体现得淋漓尽致。为此,政府、社会资本、金融机构、第三方咨询服务机构、社会公众等参与主体都需要在PPP项目实施过程中明确自身的角色与定位,确保相关权利义务的享有与履行。

# 第六章 典型案例:赤峰市红山区智能停车系统建设 PPP 项目

随着我国经济的快速发展,人们的生活水平也在不断提升,越来越多的人选择购买私人汽车提供出行便利,汽车逐渐在社会生活中占据了极为重要的地位。我国是世界上第三大汽车生产国和第二大汽车消费国,汽车的消费水平提高造成了汽车保有量的持续增长,也使得汽车保有量不断增长和停车位不足、建设受多种条件制约的矛盾加重,最终体现在各大城市停车难、停车乱、交通拥堵、人民生活质量降低等重大民生问题中。

赤峰市作为内蒙古自治区下辖地级市,被自治区政府定位为省域副中心城市。全市总面积 9 万 $km^2$,2016 年末全市常住人口达 430.52 万人,属于内蒙古第一人口大市。赤峰市红山区总面积 506.6$km^2$,其中已建成面积 50$km^2$,2016 年底常住人口达 43 万人。赤峰市人口数量与经济的发展也使得当地汽车保有量不断增长,根据赤峰市统计局相关数据显示,截至 2015 年年底,赤峰市各类机动车保有量达到 96 万辆,其中私家车为 20 万辆左右,并且,年汽车保有量、私家车的数量还在不断地增长。相比较之下,赤峰市的停车位却远远不能满足当下以及未来的停车需求,红山区作为赤峰市主要城区,情况自然也不例外。因此,增加泊位数量、规范运营管理停车资源,已经成为赤峰市红山区人民政府的迫切需求,红山区政府启动建设城市量级的智慧停车 PPP 项目,致力于全面系统的解决当地“停车难、停车乱”的局面。

## 一、两步走:建设城市量级智慧停车项目

赤峰市红山区智能停车系统建设 PPP 项目(以下简称“赤峰项目”)属于城市量级的智慧停车 PPP 项目,“城市量级”主要体现在项目内容不仅包括公共停车资源的建设,也涉及社会停车资源的数据接入;“智慧停车”主要是指在传统停车场

不足以满足巨大市场需求时,赤峰项目采用了智能化的方式、利用现代信息技术的发展,通过联通停车信息,提高停车位资源的有效利用率,从而改善"停车难"的问题。

赤峰市红山区开展城市量级的智慧停车项目,意在通过利用社会资本的力量在长达25年的合作时间里解决赤峰市红山区存在的停车痛点问题,提升当地居民的生活幸福感,积极促进当地经济的发展。整个赤峰项目的运作共分为两步(表6-1):第一步(项目一期)主要是利用3年的时间用智能化手段来盘活红山区存量停车泊位,提高车位利用率;第二步(项目二期)则利用5年的时间在红山区新建智能立体停车设施,通过增加停车资源数量来解决红山区停车迫切的刚性需求。

赤峰项目内容　　表6-1

| | 第一步:盘活存量 | 第二步:新建增量 |
|---|---|---|
| 建设内容 | (1)智能停车数据中心、云平台及相关应用 | 追加8.5亿元投资,根据规划建设经营性立体停车设施,建设1万个立体停车泊位 |
| | (2)路侧(公路内、行人道)泊位管理和收费系统 | |
| | (3)公共封闭式停车场改造和数据接入(政府开发项目停车场) | |
| | (4)配建封闭式停车场数据接入 | |
| | (5)诱导和违停抓拍系统平台与终端建设 | |
| 运营内容 | (1)对红山区管辖范围内的画线占道泊位(路内画线泊位、行人道上画线泊位)、公共停车场(利用市政公共场地、城市道路、闲置土地、地下空间设置的平面或立体停车场)进行运营维护<br>(2)对红山区停车信息平台和相关子系统建成后进行运营维护 | 对新建的立体停车设施进行运营维护 |

1. 智能停车系统建设是基础

赤峰项目一期建设重点则为智能停车系统搭建,表6-1中智能停车数据中心主要用于整合各类静态交通数据,包括车辆信息、车主信息、停车场信息、车位信息、管理员信息、实时车位状况、设备管理养护、收费信息和执法处罚等数据,建立统一的信息资源库是数据中心建设的核心内容之一。智能停车数据中心除了统计画线占道泊位、公共停车场等城市公共停车资源数据之外,还将接入配建停车场的停车相关数据,其主要目的为整合全区停车资源数据,为政府进行停车宏观管理活动提供数据支持,方便政府利用停车数据合理制定相关政策和城市管理制度。

智慧云平台主要是对赤峰市已有系统进行整合,在此基础上,自主研发集政府管理系统、车场管理系统、车主管理系统及运维管理系统于一体的智慧停车云服务平台。对于政府而言，掌握了各类静态交通数据之后，可以通过政府管理系统对停车现状进行指引或改变；对于停车场而言，可以通过云平台对停放车辆进行监控或指引；对于用户而言，可以通过云平台获得一些便利的服务。

相关应用主要是指政府、车场、车主使用的 APP。主要是通过用户端为用户提供便捷式服务，例如为车主提供车位查询、预订、支付、反向寻车、车位共享等全方位服务。

诱导系统是基于电子计算机、网络和通信等现代技术，向道路使用者提供最优路径引导指令或通过获得实时交通信息帮助道路使用者找到从出发点到目的地的最优路径，在智慧停车一类项目中属于很关键的部分。诱导系统可以在车主行车时帮助车主避开道路拥堵点、停车时可以迅速找到车位，提高通行效率，为驾驶员节省时间，减少交通拥堵。

违停抓拍系统主要是通过抓拍、传输、管理、处罚并保存等系统，协助交管、城管严抓违法停放的车辆。

整个智能停车系统的搭建无疑是赤峰项目的基础核心部分，从城市停车治理的高度，通过对信息化技术改造和大数据的应用，实现全区车位资源整合和大数据处理，这样“互联网 + 智能化的停车建设系统”对于政府、车主等使用者而言都是提供便利，属于利好的发展方向。

*2. 停车资源充分利用是根本*

赤峰项目通过充分利用智能化的系统盘活了整个红山区的停车资源，并在二期追加投资新建了 1 万个立体停车泊位，赤峰项目从充分利用原有停车资源与增加新的停车资源两个方向共同切入，从根本上可有效缓解赤峰市“停车难、停车乱”的现实问题。

赤峰市红山区原有公共停车资源散乱且停车场规模较小，管理上也存在专业化低的问题，缴费方式上也多为人工收费，进而运营成本过高、收益偏低，采用智能化的方式改造之后，政府引入专业的运营管理团队统一规划、运营城市内的公共停车资源，可大大提高存量公共停车资源的使用率，缓解车主停车过程中停车位难找的问题。城市社会停车资源的数据接入，可以帮助社会停车资源权利主体盘活停车资源，提高利用率，也可以帮助车主寻找停车位时增加选择，同时，诱导系统的建立也间接地缓解了停车资源紧张地区的停车问题,有效引导车主利用不同性质、不同地理位置的停车资源进行停车。

在充分改造、利用现有停车资源的基础上,赤峰项目设计二期滚动开发建设立体停车设施,增建1万停车泊位,从“量”的角度上增加了赤峰市红山区的停车资源,更加直观的解决停车位不足的问题。基于此,赤峰项目建设范围囊括了红山区的全部公共停车资源以及社会停车资源,从城市停车资源整合的角度上看,赤峰项目属于“城市量级”的“智慧停车”项目。

## 二、合理对价才能成功吸引投资

红山区政府希望分两步在赤峰市红山区开展城市量级智慧停车项目,但前期投资总共需要10亿元,从停车行业整体来看,投资数额并不小,因此在整个项目中,政府要给予社会资本合理的对价才能成功吸引到投资。在赤峰项目中,政府给予社会的合理对价主要体现在项目的运作模式、特许经营权以及其他配套支持上。

### (一)项目运作模式

项目运作模式如图6-1所示。

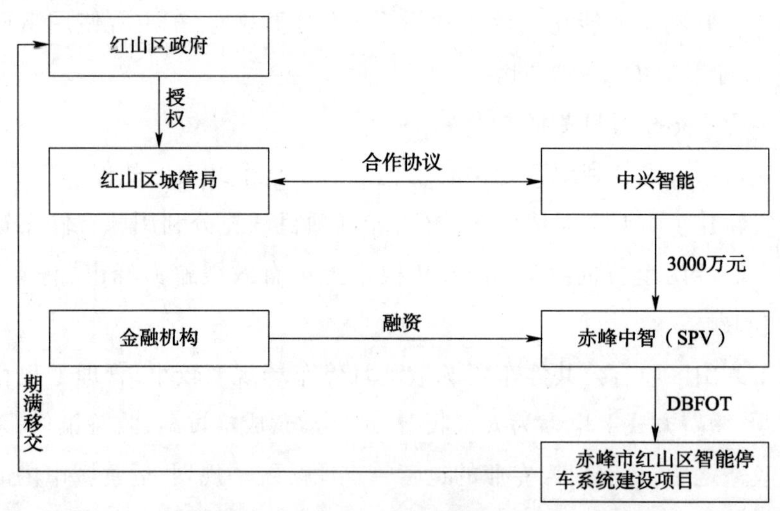


图6-1　项目运作模式

赤峰项目运作模式为DBFOT,即由政府采购确定的社会资本负责项目的设计、建设、融资、运营、移交。整个项目先由赤峰市红山区政府授权红山区城管局为项目实施机构，项目实施机构通过竞争性磋商的采购方式选择社会资本，也就是最后中标的负责项目技术部分的企业：中兴智能交通。项目确定社会资本之后，由实施机构与社会资本签署《合作协议》，通过合作协议初步固定社会资本的权利义务范围。

赤峰项目中，社会资本负责项目的设计、建设、运营，对于社会资本而言，既是义务也是权利的基础。本项目共分为两期，每期的合作年限都为 25 年，中兴智能交通作为项目单独中标企业且为核心技术提供企业，需要负责整个项目核心的设计、建设和运营工作。项目采用 DBFOT 的运作模式，也给了社会资本全程参与项目的机会，避免了其他项目中存在的规划主体单凭规划经验套用其他项目模板，不结合项目、需求进行规划，最终不切实际的规划导致项目推进遇阻的情形，同时，也避免了大多数项目建设与运营主体分离，建设主体只注重获得工程利润，不关注运营的重要性的问题。中兴智能交通作为经验丰富的停车项目投资人，其自身具备规划设计能力，在整个项目的推动中，规划设计团队将与建设团队进行充分的沟通和商洽，规划设计的结果自然也与建设目标高度匹配，在建设完成后，运营团队的无缝连接就让整个项目的操作顺畅起来。DBFOT 的运作模式虽说让社会资本负责全部的工作，但只要企业有能力，该模式是绝对有利于社会资本一方的。

赤峰项目中，由社会资本独资成立项目公司，政府不参与出资，项目公司成立后，会承继社会资本的权利义务，来负责项目的融资，但实际的技术工作仍是由社会资本完成。项目公司注册资本为一期项目投资的 20%，即 3000 万元，全部由社会资本出资，政府不投资，也不会因为股权产生利润分配，同时，也在很大程度上给了社会资本自主运营的空间，社会资本在签署合同之后，可以完全凭借自己的实力运营项目，收回投资并获取收益。未来二期项目启动时，注册资本金也会产生相应变化。

### （二）特许经营权

社会资本负责项目的设计、建设和运营工作，总共要为项目投资 10 亿元，其投资回收的关键在于获得政府的特许经营权，那么，整个赤峰项目中，社会资本获得的特许经营权即为公共停车资源的收费权。

1. 公共停车资源的内容

公共停车资源的内容如图 6-2 所示。

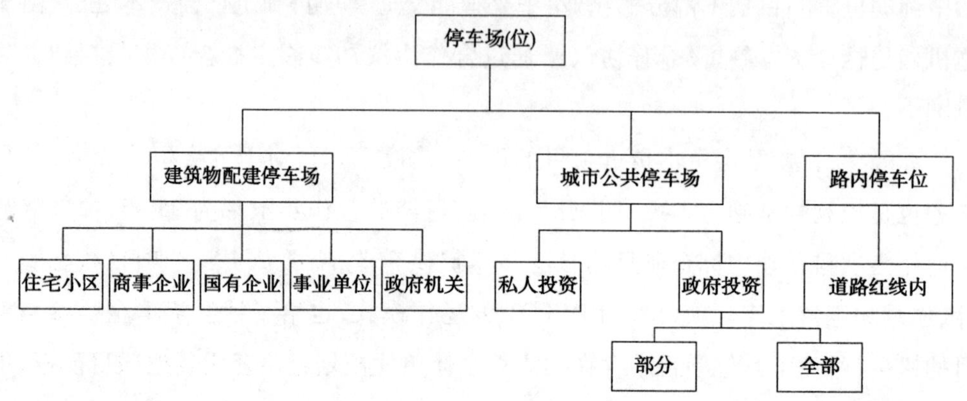


图 6-2 公共停车资源的内容

(1)根据住房和城乡建设部《城市设施规划导则》(建城〔2015〕129 号)中按照停车设施的建设类型对停车场进行的分类,停车场分为:建筑物配建停车场、城市公共停车场、路内停车。

①建筑物配建停车场是指建筑物依据建筑物配建停车位标准所附设的面向本建筑物使用者和公众服务的供机动车停放的停车场。

②城市公共停车场是指位于道路红线以外、面向公众服务的供机动车停放的停车场。

③路内停车位是指在道路红线以内划设的面向公众服务的供机动车停放的停车空间。

(2)根据《关于加强城市停车设施建设的指导意见》(发改基础〔2015〕1788)中的规定,投资建筑主体依照相关规定取得相关设施的产权,因此,建筑物配建停车场的产权归建筑主体所有,城市公共停车场的产权归投资人所有。

国有企业、事业单位、政府机关等建筑物其土地有可能以划拨方式取得,因此,政府享有投资建设配建停车场的权利。另外,政府也有可能对参与部分投资的城市公共停车场享有管理权。

另外,根据住房和城乡建设部《关于加强城市停车设施管理的通知》(建城〔2015〕141 号)中的规定:"路内停车原则上实施收费管理,路内停车泊位的价格属于政府定价范围”“路内停车泊位信息应纳入政府信息公开内容，及时向社会公布停车泊位信息”可知，路内停车属于政府管理范围之内。

综上可知，公共停车资源的范围包括全部由政府投资的城市公共停车场以及政府有权管理的路内停车位、政府参与部分投资的城市公共停车场以及国有企业、事业单位、政府机关等建筑物配建的停车场。

2. 赤峰项目特许经营权范围

从赤峰项目的建设内容来看，政府授予社会资本的特许经营范围是政府投资或有权管理的停车资源，具体包括：

(1)红山区内全部利用市政公共场地、城市道路(包括现有及未来新建)设置的停车场或停车泊位。

(2)红山区内全部由政府以任何形式投资或政府有权管理的停车场(位)(包括现有及未来新建)，包括但不限于：

①政府以任何形式投资或政府有权管理的各种道路及道边、大中小学校、医院、公园、旅游景点的停车场(位)，无论现有或未来新建。

②政府以任何形式投资或政府有权管理的各种科技园区、各种集市、人防、城防减灾设施的停车场(位)，无论现有或未来新建。

③政府企事业单位、社会团体、行政机关办公和服务窗口、行业管理及福利机构的停车场(位)，无论现有或未来新建。

④政府以任何形式投资或政府有权管理的公共房产(包括但不限于政府房产、廉住房、公租房、国资委所属房产)的停车场(位)，无论现有或未来新建。

⑤其他政府以任何形式投资或政府有权管理的停车场(位)，无论现有或未来新建。

赤峰项目中，社会资本获得了整个城市公共停车资源的特许经营权，同时，无论现有或未来合作期内的公共停车资源都可以由社会资本进行收费。这样就从城市治理的高度，实现了对政府投资或有权管理的停车资源的运营和数据管理，根本上缓解了城市停车管理问题。

### (三)协助开展社会停车资源的合作

私人投资的城市公共停车场以及住宅小区、商事企业等建筑物配建的停车场因政府未参与投资,既不享有产权也不享有管理权,因此无法授予社会资本此部分停车资源的特许经营权。但若要通过智慧平台系统整合区域停车资源,就必须获得区域内社会停车资源的相关数据,社会资本必须和社会停车资源产生合作,因此就需要政府对社会资本和社会停车资源的合作提供相应的支持。

赤峰项目为城市量级的智慧停车项目,其建设内容除了公共停车资源的新建、改造与数据接入,还涉及社会停车资源的数据接入,因此,政府要求社会资本承担该部分的义务,就应当提供一定的协助义务或给予一定的利益支持。因此,在赤峰项目中,政府要配合社会资本完成对区域内所有社会停车资源进行注册登记、电子备案、数据采集等智能化管理所需的准备工作,并积极促成社会资本与社会停车资源的原经营方开展合作运营。如果区域内其他社会权属方经政府审批后在其权属范围内自行修建非公共立体停车场的,政府要协调完成其在智能停车平台备案并实现数据统一接入。

### (四)政府给予其他支持

1. 政策支持

赤峰项目因为要整合整个区域的停车资源,对于社会资本方而言,公共停车资源的收费多少至关重要,因此,政府方要协助社会资本方按照国家政策办理行政许可和审批、备案等手续,审批社会资本做出的停车设计方案,积极出台停车收费政策。同时,还要及时审批或协调相关部门办理社会资本方开展工作所需的各类资质审批、协调出台鼓励社会资本投资建设立体停车场的优惠政策等相关政策问价,对于规划通过可建设立体停车设施的地段,也要协调办理相关土地使用手续并落实已出台的优惠政策。

2. 融资支持

我国现有相关政策鼓励金融机构对停车设施经营权预期收益提供质押贷款,新建、改扩建的停车设施,建设单位均可办理产权、经营权登记。建设单位在取得所有权或经营权后,可进行抵押或有偿转让。鼓励企业发行城市停车建设项目专项债券,设立停车产业发展基金,将公共停车场建设运营进行结构化融资,发行项目收益票据和资产支持票据的融资方式。

赤峰项目整体投资10亿元,在项目合作期内,政府拥有固定资产的所有权,社会资本享有项目固定资产的唯一性、独占性和排他性的使用和收益权,并且,政府方同意社会资本有权自主决定以分期付款、融资租赁等多种方式采购设备。为本项目融资之目的,必要时社会资本可以自主决定将项目相关设施为融资机构设定抵押等担保或用于融资租赁。

3. 优惠政策

考虑到赤峰项目停车治理的必须及回收期,政府在智慧停车项目建设上根据国家和当地政策,根据各个地段的情况,给予一定停车收费政策(例如将停车收费价格改为计时收费)、配套的税收、商业配套(包括但不限于:单独修建综合立体停车楼的,可配建面积不低于总面积的 20% 商业配套)等优惠政策。

## 三、结构设计促共赢

### (一)投融资结构设计

投融资结构如图 6-3 所示。

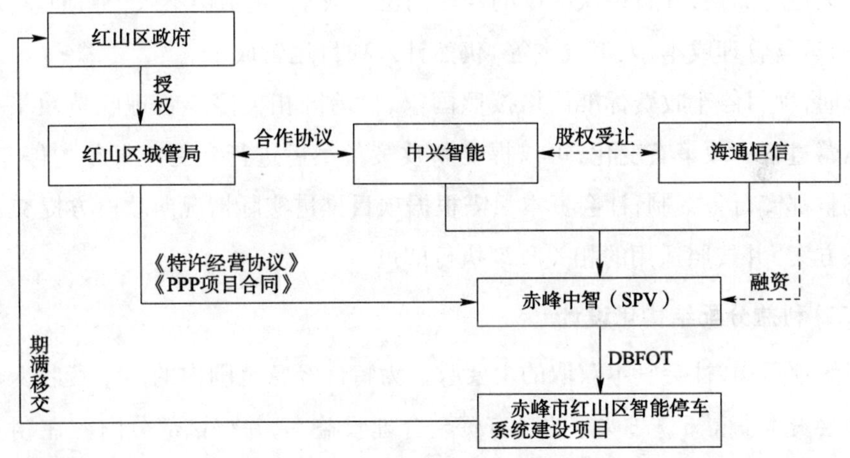


图 6-3　投融资结构

1. 股债联投模式

中兴智能交通作为该项目唯一中标企业,单独出资 3000 万元成立项目公司存在一定的困难,因此引入了海通恒信国际租赁股份有限公司(以下简称"海通恒信")为项目投资。海通恒信在对项目考察的过程中,认为完全使用者付费的模式会使融资机构对项目的投资有很大风险,因此,锐思维咨询为项目设计了投融资结构模型,通过"股权+债权"的投资模式,合理配备资金,一定程度上减少了海通恒信的投资风险。

2.特许经营收益保障

赤峰项目中,政府授予社会资本公共停车资源的特许经营权,允许社会资本收取停车费,因此,停车位的数量与停车收费标准两个关键指标将直接影响项目收益,影响投资人投资回报率。项目在进行投融资结构设计过程中,对项目一期特许经营范围内15000个停车位作了相应的收益保证约束。如果在社会资本经营过程中,因政府原因导致运营的停车场(位)被撤销、征收、征用等,收费的停车泊位少于15000个的,政府应对社会资本进行停车资源补偿或选址另建,另行选择同等条件的场地供社会资本新建停车场(位),确保社会资本有权合法运营、收费的停车泊位数量不少于15000个,并完成新建停车场(位)合法收费所需的全部政府手续;如政府未能按照约定恢复停车泊位或进行补偿的,应当就该次减少的停车泊位产生的损失进行赔偿,并且该次减少的停车泊位的成本(包括但不限于初期总投资及其利息、运营管理成本、人工成本等)仍然计入项目运营成本。

同时,项目停车收费标准严格按照国家、自治区相关停车管理收费政策执行,如果运营过程中政策有变化,可以提交新政策备案后进行变更。每年的停车收费定价调整都实行备案制,社会资本只需根据项目推进实际情况向政府方提交《停车费调整方案》并按照适用的相关政策执行即可。

### (二)利益分配结构化设计

赤峰项目中,社会资本获取的主要收益为特许经营范围内的停车费收入,项目允许社会资本获得6.37%/年的自有资金合理收益率,并将该部分内容在《特许经营协议》中确定。同时,项目允许社会资本进行配套服务经营,包括但不限于广告经营、汽车相关服务、充电服务等,相关内容在《PPP项目合同》中进行固定。由此,赤峰项目通过两个协议的结合充实完善了项目的收益结构。

赤峰项目先行开展一期,二期项目根据情况适时启动,整个项目允许社会资本获得6.37%的合理收益率,而影响6.37%合理收益率的主要因素则为特许经营范围内的停车费收入,该收入既包含一期存量公共停车资源产生的停车费收入,也包括二期立体停车设施产生的停车费收入。整个项目利益分配结构如图 6-4 所示。

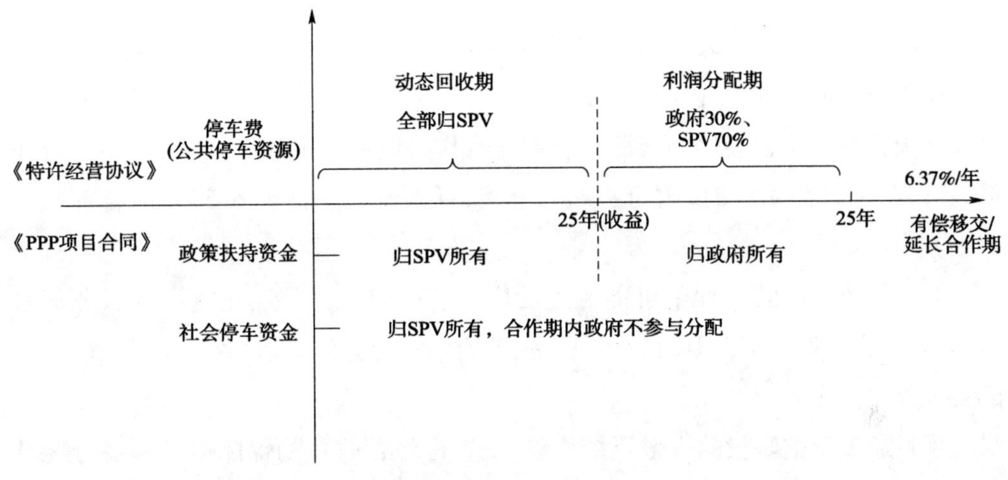


图 6-4　整个项目利益分配结构

在整个项目中,利益分配结构化设计将不同经营内容产生收入进行了不同的分配方式:

(1)特许经营权对应产生的公共停车资源收费,首先用于社会资本收回投资,也就是在动态回收期(15 年)内,产生的收益归项目公司所有,用于项目公司人员工资、五险一金、运营管理费用、追加建设投资、日常维修后备品备件更换费用、设备大修费用、软件平台新业务开发及功能升级按年收入摊销的技术支持费用、服务费用、折旧费用、市场开发费用、融资利息、律师和保险费用等。如有结余,归项目公司所有,项目公司股东进行分配,并且不因此减少项目合作期;如有不足难以覆盖成本的,由项目公司补齐,计入追加投资等。

动态回收期之后 10 年内属于项目利润的分配期,在这一阶段,项目产生的收益扣除上述提及的费用后,项目公司按照税后利润的 30% 向政府支付收益分成,剩余 70% 归项目公司所有,由项目公司股东按照章程或相关协议的约定进行分配。项目合作期结束时,若社会资本的合理收益率未能实现的,项目合作期相应顺延,直至合理资金收益率达到 6. 37%;合作期无法延长的或在法律允许的最长合作期内,合理收益率仍为实现的,项目公司有权要求将项目有偿移交给政府或政府指定的其他机构。

(2)根据项目的实际情况,项目除了会产生停车收费还会有一些其他的收入,锐思维咨询对此进行了不同的设计:

①项目合作期内,如果社会资本申请到政策扶持资金,在动态回收期内归项目公司所有,在利润分配期内归政府所有。

②项目公司同社会停车资源权利主体合作可能产生的相关收入,在整个合作期内,都归项目公司所有,政府不参与分配,且该收入不计入6.37%的合理收益率中。

③项目公司运营过程中可能产生的广告、汽车相关服务、充电设施服务等收入,在整个合作期内,都归项目公司所有,政府不参与分配,且该收入不计入6.37%的合理收益率中。

项目通过股债联投的投融资结构设计、特许经营收益的保障以及利益分配结构化的设计明确了项目公司与政府的利益分配机制、项目公司各股东之间的利益分配机制,保证投资人可以获得合理利润,同时也使政府获得了一定的经济效益。

## 四、城市量级智慧停车PPP项目操作要点

根据我们对全国PPP项目综合信息平台的统计来看,截至2017年9月30日,PPP项目库中有187个与停车场建设相关的PPP项目。除了单体建设停车的项目,还有一些停车场建设与和其他内容捆绑的项目,比如说与环卫工程捆绑的、与社区基础设施改造捆绑的、与城市地下综合管廊捆绑的项目,还有一些医院建设业务用房的同时配建地下停车场的。如果说扣除这些捆绑停车场建设的项目,单纯的停车场建设项目数量就更少了。赤峰项目属于单纯建设城市量级的智慧停车项目,且目前已经进入了执行阶段。在整个项目库中,目前187个与停车场建设相关的项目中,只有13个项目进入执行阶段了,80%以上的项目处于识别准备阶段,即便进入采购阶段,有的项目也因为种种原因没人投标、二次投标,即便中标社会资本和政府双方谈判合同的阶段也会有不顺利导致项目无法落地的情况。而赤峰项目目前进展很顺利,虽然项目还正处于方案、合同中约定的建设期,但根据一期项目的特殊性,项目内容中路侧停车位建设期极短,且建设完成既可以投入使用、投入运营,赤峰目前已经有一部分停车位正在收费并产生稳定的现金流,对于其他项

目而言有一定的借鉴意义。

1. 通过调研审视项目的经济可行性

社会资本投资任何项目都是要实际投入项目资本金的，且部分项目还要承担一定的融资风险，因此必须在项目开展前期对项目进行调研，充分考量项目的经济可行性，掌握一个地区现有的存量公共停车资源数量以及未来增长的可能性，还要详细了解当地的停车收费标准、车辆停放习惯、相关规划现状等，并通过合理的测算方式保守估计项目未来能够产生的投资收益。

2. 获得政府认可、获得部门支持

赤峰项目政府初期提出“互联网＋智能化的系统”来建设整个智慧城市的，中兴智能在与政府接触的过程中起到了很大的作用，让政府最终决定先来做智慧停车。所以，每开展一个项目能得到领导的充分认可是非常重要，政府出面推进一个项目，项目进展速度会非常快。因此在第一步完成之后，社会资本有了开展项目的基本意愿之后，需要与政府、政府相关部门进行沟通，这也就是我们在每开展一个项目时，会先去当地调研的另外一个主要原因。只有充分的调研，才能够准确地了解当地停车存在什么问题，然后设计项目操作思路，向政府汇报。当政府开展停车项目需求并不强时，要用我们自身的经验、项目设计思路说服政府项目实施的益处。

3. 合法合规的按 PPP 操作流程开展项目

当政府决定启动停车项目的时候，我们就可以按照项目设计思路、PPP 操作流程合法合规的展开项目工作了，如果要推动城市量级的智慧停车项目，可以借鉴赤峰项目的有益经验，例如：

（1）获取城市量级的公共停车资源的特许经营权，包括现有的以及未来可能新增的，并且，当政府承诺给予的特许经营权范围有所变化时，要针对不同种类的变化设置相应的对策。

（2）如果政府比较关注整个城市停车资源的数据整合以及管理问题，要求社会资本整合社会停车资源的，由于该部分收益并不确定，可以在谈判的过程中将此部分产生的或有收益不纳入社会资本可获得的合理收益中。

（3）如果公共停车资源的收益在项目初期测算时就难以覆盖投资及收益，社会资本应向政府争取广告、商业配建等其他商业模式的开展，并根据实际情况确定该部分收益如何进行分配。

总之,城市量级智慧停车 PPP 项目有属于其自身的项目特点,也有很多其他 PPP 项目存在的共性问题,社会资本投资在保证基本投资收益的情况下,要尽量考虑到智慧停车项目实际为公共基础设施建设项目,在政府获得一些社会效益时,也要充分兼顾社会公众能为停车所负担的经济支出,尽量协调各方的利益、效益,合法合规合情地推进项目。

# 附录一　全国智慧停车 PPP 项目数据分析

锐思维咨询从全国信息平台上采集了截至 2017 年 12 月关于停车 PPP 项目的数据，并从项目地域分布、项目所处阶段、项目投资额等方面做了数据统计分析，力图管中窥豹，对智慧停车 PPP 项目的实操上提供些许帮助。

## 一、各省份项目数量分析

停车场 PPP 项目数量分析如附图 1-1 所示。

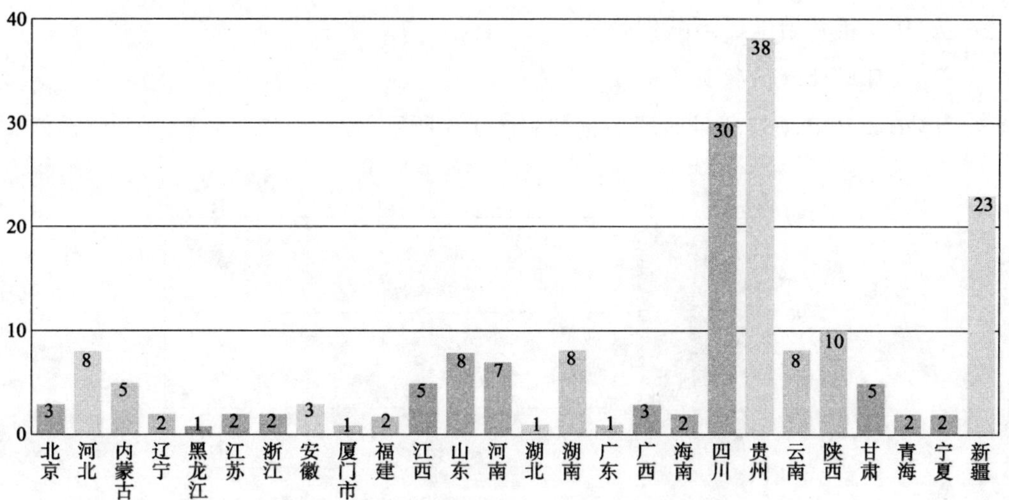


附图 1-1　停车场 PPP 项目数量分析

结论：根据《停车场数量分析表》可以直观地了解到各省市停车场建设 PPP 项目的数量，并可知目前为止山西、吉林、广东、天津、重庆、上海、西藏没有入库的停车场建设 PPP 项目，贵州、四川、新疆入库项目数量位列前三名。

## 二、项目发起时间、所处阶段数据分析

### 1. 项目发起时间数据分析

停车场 PPP 项目发起时间数据分析如附图 1-2 所示。

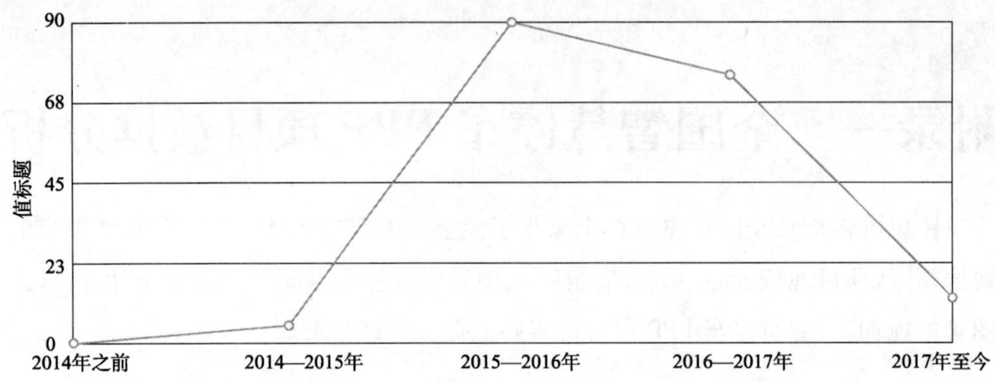


附图 1-2　停车场 PPP 项目发起时间数据分析

结论:该表反映了项目库中停车场建设 PPP 项目在 2015 ~ 2016 年间发起的最多,从 2016 年开始呈逐渐减少趋势。

2. 项目所处阶段数量分析

停车场 PPP 项目所处阶段数据如附图 1-3 所示。

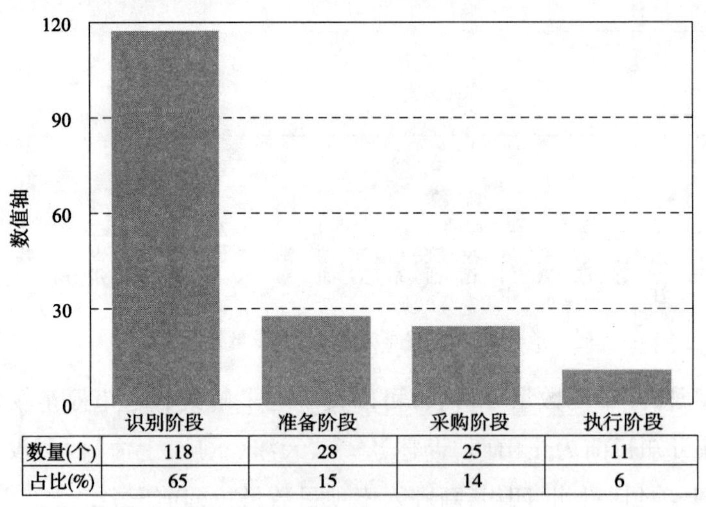


| | 识别阶段 | 准备阶段 | 采购阶段 | 执行阶段 |
|---|---|---|---|---|
| 数量(个) | 118 | 28 | 25 | 11 |
| 占比(%) | 65 | 15 | 14 | 6 |

附图 1-3　停车场 PPP 项目所处阶段数据

结论:已发起的 182 个项目中,65% 的项目还处于识别阶段,只有 11 个项目进入了执行阶段,落地率低。

## 三、项目核心指标分析

### 1. 项目投资金额分析

停车场 PPP 项目投资金额情况如附图 1-4 所示。

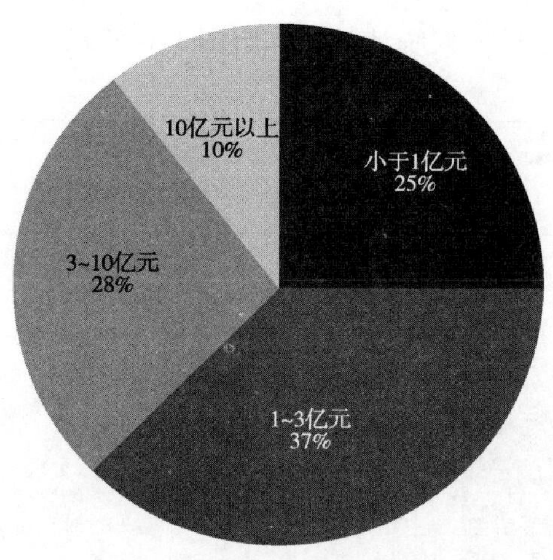


附图 1-4　停车场 PPP 项目投资金额

结论:已发起的 182 个项目中,62% 的项目投资额在 3 亿元以下,10% 的项目投资额在 10 亿元以上,整体来看,投资额度不高。

### 2. 回报机制分析

停车场 PPP 项目回报机制数据如附图 1-5 所示。

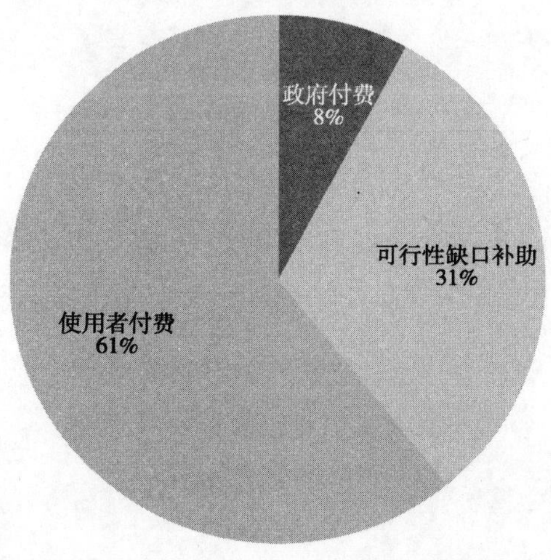


附图 1-5　停车场 PPP 项目回报机制数据

结论:已发起的182个项目中只有8%的项目回报机制为政府付费,其余61%的项目属于使用者付费项目,31%的项目回报机制为可行性缺口补贴,可知,停车场建设项目属于使用者付费较多、现金流较稳定的项目。

3. 运作模式分析

停车场PPP项目运作方式统计数据如附图1-6所示。

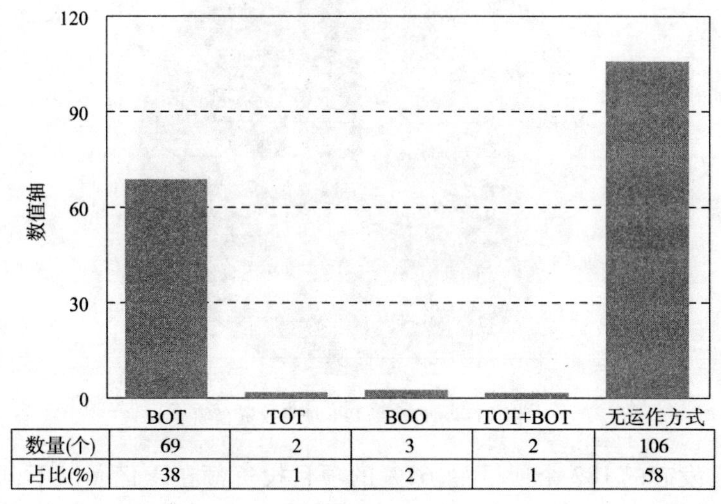


| | BOT | TOT | BOO | TOT+BOT | 无运作方式 |
|---|---|---|---|---|---|
| 数量(个) | 69 | 2 | 3 | 2 | 106 |
| 占比(%) | 38 | 1 | 2 | 1 | 58 |

附图1-6　停车场PPP项目运作方式统计数据

结论:因目前项目库中信息不完整,暂无法完全统计已有项目的运作模式。

# 附录二　智慧停车 PPP 项目案例

## 某智慧型机械式公共停车楼 PPP 项目

### 一、项目背景信息

本项目建设内容为新建智慧型机械式公共停车楼，共设计车位 406 个，同时配套建设道路、电力、照明、消防、排水、绿化、排洪沟及土地平整等工程，总共投资约为 5200 万元。项目建设地点为当地某行政机关院内，因原有停车位均为地面停车位，已经不能满足单位内部员工、外来办公人员的停车需求，严重降低了社会公众的办事效率，因此，当地政府决定利用现有地面资源来增加停车位供给，启动本项目，建设智慧型机械式公共停车楼，增加车位供给，提高车位的使用效率。

项目合作期限为 10 年，其中建设期 1 年，运营期为 9 年，项目合作期内不会产生使用者付费，因此项目的回报机制为政府付费。政府在整个运营期的 9 年中对项目进行补贴，项目合理利润率为 5.5%，折现率为 3.21%，运营成本每年约为 650 万元，项目政府付费总额约为 7900 万元。

### 二、项目分析

#### （一）智慧型机械式公共停车楼的优势

本项目内容为在某行政机关院内新建智慧型机械式公共停车楼，在不新增用地供给的情况下相对提高车位供给数量，缓解停车难问题。同时，由于行政机关院内停车场一直对外免费停车，因此，该项目建成后也不对社会公众停车进行收费。本项目建设内容为智慧型机械公共停车楼，属于特种停车的设备，并非简单的平面或立体停车场，因此对拟参与项目的社会资本进行了资格限定，除一般项目要求的条件外,本项目要求社会资本联合体要包含机械式停车设备的制造商,且该制造商要具备《特种设备制造许可证》A 级资质、《特种设备安装改造维修许可证》资质,同时要具备建设行政主管部门核发的建筑工程施工总承包叁级或以上资质,且具有安全许可证。

相比于简单的平面或立体停车场,智慧型机械式公共停车楼具有以下优势。

1. 土地利用率高

本项目拟建 11 组 15 层升降横移式机械停车楼,项目用地面积为 3543.8$m^2$,平均每个车位占地面积为 8.73$m^2$,相比于传统平面停车场停车位占地面积而言,机械停车楼可有效减少土地资源的占用率。土地资源的占用减少,意味着很多项目不用大幅度的做征迁工作,对于一些商业用地可相应减少项目土地投资,节约用地成本。在本项目中,可在原来行政机关院内地上停车场的基础上利用有限的既有土地资源新建机械式公共停车楼,即不需要做征迁工作、增加投资,只需要购买相应设备,寻找具备合格资质的企业完成建设工作即可,项目也可尽快开工,在很短的时间内完成项目的建设,加快投入使用。

2. 增加车位供给

正如上述所说,在同等土地资源占用的情况下,机械式停车楼容车辆更大。与传统平面或立体停车场相比,机械式停车楼尽可能地利用上层、周围的立体空间,能够在有限的空间内增加车位的供给。在本项目中,便可充分利用行政机关院内有限的地面、地上空间来增加车位供给,缓解停车位不足的现状。

3. 车辆存取方便

从技术角度而言,机械式停车库车辆存取均为无拐弯的直行方式,不必像传统的停车场,车主还要寻找空车位、历经倒车环节,存车、取车都花费较大的时间以及精力。对于车主而言,机械式停车楼提供了较大的方便,尤其对于技术不太熟练的新手停取车,因而也可以减少存取车环节事故的发生。

4. 维修简单、维护成本低

项目采用智能化的方式建设机械立体车库,可以减少停车库使用人工的成本、降低因人工而造成的意外事故发生率,同时,引入专业的社会资本负责立体停车库的运营,可以增强管理、提高车位利用率、周转率,通过技术手段减少因运营维护发生的成本。

5. 用户体验提升

智能技术的应用，也减少车主寻找车位、停放以及存取车位的时间成本，有利于提升车主满意度，提升市民的生活的满意度。同时，也相应地减少对地面行人通行的影响，保证了行人的安全、减少了行政机关院内交通拥堵的问题。

总体而言，智慧型机械式公共停车楼具有诸多的发展优势，成为未来停车场主流模式，发展空间巨大。目前，我国传统停车场占据着行业主导地位，占比高达 90% 左右，其贯穿于停车场建设的所有领域。但未来随着城镇化进程的加快，城市人口将快速增加，城市土地资源十分稀缺，土地成本居高不下，有占地少、利用率高、进出方便等优势的机械式停车库将成为未来停车库的主流模式。根据相关预测，未来 5 ~ 10 年，我国机械式停车库建设将迎来建设高峰，每年新建机械式停车库数量将保持 10% 以上的增速增长，到 2022 年，新增机械式停车库将超过 4000 个；而行业设备规模将保持 20% 以上的增速增长，到 2022 年，机械式停车设备行业销售达到 411 亿元，行业发展潜力巨大。

### （二）智慧型机械式公共停车楼发展的政策支持

机械式停车设施具有空间要求小、建设成本低、施工简单等特点，具有广泛的适用性，是国家大力鼓励的形式之一，在国家层面政策以及很多地方发布的政策中都有体现，部分地方甚至出台了专门的政策文件，比如沈阳市的《关于鼓励利用自有用地设置机械式立体停车设备的办法》（沈政办〔2016〕109 号）、济南市的《关于加强机械式停车设施建设管理的实施意见》等。一般来说，对其在审批手续、用地条件等方面都予以简化，例如，“机械式立体停车设备属于临时停车资源，按照机械设备进行安装管理，免于办理建设工程规划、用地、环评、施工等许可手续”“利用自有用地设置机械式立体停车设备的，建筑面积不纳入容积率计算范围，不再办理土地供应手续，免缴相关土地费用”“机械式立体停车设备投资可纳入固定资产进行管理，并依据固定资产管理有关规定，按照设备使用年限计提折旧”等。2016 年 3 月 19 日国家发展和改革委办公厅关于印发《2016 年停车场建设工作要点的通知》（发改办基础〔2016〕718 号），《通知》中要求“结合规划和普查情况，重点针对城市老旧居住区、医院、学校、旅游景区、轨道交通站点周边 P + R、综合交通枢纽等停车矛盾突出区域开展项目建设，同时积极发展房车营地建设，鼓励应用集约化立体停车库并同步配建充电桩。”在 2017 年 7 月 17 日住房和城乡建设部办公厅发布的《关于开展城市停车设施规划建设督查工作的通知》(建办城函〔2017〕495 号)中规定,为加快推进城市停车设施规划建设,逐步缓解停车难问题,切实改善城市交通环境,对“利用地上地下空间建设停车楼、地下停车场、机械式立体停车库等集约化停车设施情况”进行督查。

从近几年国家发布的政策文件中可以看出国家已充分认识到一些老旧城区、医院、学校等停车矛盾集中的地区,并认为应当采用正确、合适的方法来解决问题,也就是充分利用“集约化”的效能建立立体停车库。面对这些土地资源极少的老旧城区,医院、景区等停车流量大的地区,学校等停车特征明显的地区,建立立体停车库最能有效解决这些地区突出的停车问题,而本项目的行政机关也属于停车流量大的区域,因此发展智慧型机械式公共停车楼才能有效解决停车难的问题。

### (三)智慧型机械式公共停车楼与 PPP 模式的契合点

1. 合作机制的契合

为了充分解决城市汽车保有量不断增长但停车位远远不能平衡供给的矛盾问题,发起公共停车场建设项目,在合理规划的基础之上,增加停车位的供给尤为重要。那么,机械式公共停车楼的建设与运营正好与 PPP 模式下要求社会资本全流程参与的运作模式相契合。传统模式下,停车产业的企业可能只负责产业上的某一个环节,按照要求完成工作即可,但在 PPP 模式下,各个环节需要进行有效的结合,联合体成员之间各司其职、互相牵制,发挥“1 加 1 大于 2”的效果。项目建设阶段,建设企业的施工水平、设备供应企业设备质量、设备安装企业的技术能力都直接影响运营阶段负责运营维护企业的成本问题,而很多项目中运营企业的运营能力也直接影响项目的收入,进而影响项目融资方的资金回收期。因此,PPP 模式下,允许联合体共同投标,联合体成员发挥各自擅长的部分,让专业的人做专业的事情。对于社会资本而言,可以整合产业内各类资源、促进交易;对于政府而言,政府不再承担以往的模式下的责任,不负责具体停车场的经营管理,只负责在宏观上进行监督管理,将更多的精力用于行政事务管理上;而对于社会公众而言,可以减少寻找停车位的时间,得到更好的服务体验。

2. 解决融资难的问题

本项目是在原有停车场的土地之上建设机械式停车楼，不需要土地征迁环节，但仍有很多项目需要为购买土地而花费大量资金，因此，建设智慧型机械公共停车楼需要投入很多的资金。而 PPP 模式下，由项目公司负责融资并偿还贷款，对于政府而言，不用承担兜底责任，可以有效隔离政府的风险。本项目属于建设政府机关院内的免费停车场，但仍有很多项目可以产生一些使用者付费，例如停车收费、广告收入、汽车相关服务收入，这些收入可以使项目产生稳定的现金流入，相比一些收入不确定、风险较大的项目，停车场建设项目更容易受到融资方的青睐。本项目属于政府付费项目，对于融资方而言，只要前期测算得当，风险相对较低。

3. 社会效益的实现

停车场建设项目属于为社会提供公共服务的项目，虽然本项目只是在局部区域缓解了停车难的问题，对于来该行政机关办事的社会公众而言，相比以往，有车位可以停车、存取车比以前方便，对于公众而言就是服务提升的有效表现。局部的经验掌握好，再向各停车难区域进行推广，最终使得整个城市范围停车难的问题有所缓解，对于车主、政府、停车场管理部门、其他社会公众而言都是一件利好的事情。

# 某智能停车楼 PPP 项目

## 一、项目背景信息

本项目建设内容为新建智能停车楼，即建设双圆塔式立体停车库，地上 18 层，地下 2 层，用地面积约 750m$^2$，车库占地约 499m$^2$，共设计机械停车泊位 296 个。此外，还配备 100 套自动无线感应式充电车位、4 个智能环保卫生间和约 300m$^2$ LED 广告屏 1 块。

项目总投资约 4700 万元，建设工期约一年，整体合作期限为 30 年，因此项目运营期为 29 年。项目回报机制为使用者付费，项目产生的主要收入来源为停车费收入以及广告收入。项目运作模式为 BOT 模式，即由项目公司来负责项目的投资、设计、建设、融资、运营以及移交等工作。

## 二、项目分析

从上述背景信息来看,项目总投资额不高,但由于项目是纯使用者付费,社会资本方的投资都要靠项目产生的停车费以及广告收入回收,并且还要满足社会资本方获取一定合理利润的诉求,因此项目的合作期限较长,共为30年。在停车场建设项目中,广告的收入只占一小部分,停车费的收入才是最主要的部分,因此,停车费收费标准的确定以及在合作期限内对收费标准的调整对于本项目以及其他相关项目而言都十分重要。

一直以来,“停车难”的问题不仅仅困扰着找车位的车主,也间接影响到行人对城市交通的评价、城市管理者对城市发展的担忧,想解决停车难的问题不能单纯依赖增加停车位的办法,就像解决交通拥堵不能单纯依赖增加道路的办法一样。停车需求与汽车的拥有和使用密切相关,随着人们的生活水平不断提高,购买私人车辆作为便利出行的基本方式,在购买车辆和使用车辆的成本变化不大的情况下,只会有越来越多的人选择购买车辆,如果一味地增加停车位,只会增加社会公众购买私人车辆的欲望。因此,要缓解城市“停车难、停车乱”的现状,应当主要通过规范停车的方式解决,增加停车泊位只能作为辅助的措施,将停车状态始终保持在一个紧张、合理环境下,才是最好的解决办法。规范停车作为主要的调整停车问题解决办法,应当从多方面入手,例如科学、精细的制定城市停车供给政策,让车辆的增加不再轻易;编制合理、完善的停车收费政策,从收费角度控制车辆的出行以及停放;另外,还要通过制定可执行的违章停车治理政策,从强制约束方面来规范停车问题。本文重点分析如何通过停车价格制定来规范停车问题,以及在这中间应当主要注意的问题是什么。

### (一)停车费价格制定权限相关规定

关于停车收费标准的制定,在很多政策中都有一些规定,直到2015年12月15日,国家发展和改革委、住房和城乡建设部、交通运输部联合发布的《关于进一步完善机动车停放服务收费政策的指导意见》(发改价格〔2015〕2975号,以下简称《指导意见》),才全面系统地规定了机动车停放服务收费的政策。《指导意见》秉持“建立完善主要由市场决定价格的机动车停放服务收费形成机制,逐步缩小政府定价管理范围”的指导思想，坚持市场取向，依法放开具备竞争条件的停车设施服务收费，鼓励引导社会资本建设停车设施。坚持改革创新，改进政府定价规则和办法，充分发挥价格杠杆作用，合理调控停车需求。

对于由社会资本全额投资新建的停车设施，服务收费标准由经营者依据价格法律法规和相关规定，根据市场供求和竞争状况自主制定收费标准，但是各级人民政府使用财政性资金、城市建设投资（交通投资）公司投资的除外。对与本项目这一类政府与社会资本合作的 PPP 项目，项目建设停车设施的，停车收费标准由政府出资方与社会投资者遵循市场规律和合理盈利原则，统筹考虑建设运营成本、市场需求、经营期限、用户承受能力、政府财力投入、土地综合开发利用等因素协议确定。要建立政府与社会资本共享收益、共担风险的收费标准调整与财政投入协调机制，依据相关法律法规规定和成本、供求变动等因素，及时调整收费标准。对具有自然垄断经营和公益性特征的停车设施服务收费，需要实行政府定价管理的，要纳入地方定价目录，明确管理权限，规范定价办法和程序，有效约束政府定价行为。对纳入政府定价管理范围的停车设施服务，要综合考虑停车设施等级、地理位置、服务条件、供求关系及社会各方面承受能力等因素确定收费标准。要通过政府网站公布本行政区域范围内实行政府定价管理的停车设施名称、收费标准、收费依据等信息。

**（二）PPP 项目协议确定停车费价格需考虑的因素**

《指导意见》中提倡加快推行差别化收费，鼓励各地结合实际情况，推行不同区域、不同位置、不同车型、不同时段停车服务差别收费，抑制不合理停车需求，缓解城市交通拥堵。PPP 项目中政府方和社会资本方需要通过协议来确定停车收费标准，为了推行差别化收费，需要考虑的主要因素有以下几个方面。

1. 不同区域停车收费差别化

对于一个城市中的不同区域，人们对停车的需求并不相同。一般来讲，停车需求较大的地方为住宅小区、学校、医院、商场等公共场所，但这一类场所有着严重需求时间差异化的特征，比如：住宅小区一般都是夜间停车需求大，白天车主都将车辆停放在各自单位处，夜晚停车矛盾较为突出；学校一般都是学生上学、放学两个时间点有车辆停放的需求；医院则是每天上午停车需求比较大，对于一些车位严重不足的医院,工作日与节假日的停车需求无异;对于商场而言,则一般是周末的停车需求较大。不同区域停车需求不同,除了与人们的生活习惯息息相关,也受城市规划的影响,很多城市在做规划时没有充分考虑到未来停车需求的变化,因此将很多公共场所规划到一处,因此就导致了部分区域矛盾特别突出。面对这种情形,一方面要通过重新调整城市规划进行改变,但另外一个较为便捷的方式就是将不同区域停车收费差别化,以此来控制停车需求。将一些供需缺口大、矛盾突出的区域实行较高的收费,供需缺口小、矛盾不突出的区域可实行低收费,这样,人们在选择驾车出行之前就会考虑停车出行的成本,进而可有效减少矛盾突出区域停车的需求或者直接降低各区域的停车需求。除此之外,对城市外围的公共交通换乘枢纽停车设施服务,应当实行低收费,这样有利于城市外围居住的有停车需求的人,在中途可以选择换成公共交通,既减少车主在城市内部寻找停车位的时间,也降低了城市交通的拥堵。

2. 同一区域收费差别化

同一区域收费差别化主要是指在同一区域内设置车辆停放收费标准时要根据停车设施所在位置、停车时段、车辆类型有所区分,总体来讲,按照“路内高于路外、拥堵时段高于空闲时段”的原则,制定差别化服务收费标准。

首先,要适当扩大路内、路外停车设施之间的收费标准差距。现阶段,大多数地区路侧停车属于免费的状态,因此,很多车主不愿意去收费的停车场停车,都在路侧停车。但是路侧已经画线的停车位并不多,因此,出现了车主将车停在人行道上、非机动车道上、绿化地上的情形。如果可以将路侧停车由免费变为收费,并且收费标准要合理,通过价格引导车主将车停放在路外的停车场里,加之有效的监管体系,既能有效解决路侧停车乱的问题,也能带动路外停车设施的使用。其次,要合理地设计阶梯式的收费标准。对交通场站等场所及周边配套停车设施服务,推行超过一定停放时间累进式加价的阶梯式收费。最后,政策上还有一些针对同一区域收费差别化的规定,例如:要根据不同车型占用停车资源的差别,合理确定停放服务收费标准;鼓励对新能源汽车停车服务收费给予适当优惠。

收费差别化的另外一个要点则是要合理制定停车服务收费计时办法,逐步缩小计费单位时长,加快推行电子缴费技术,鼓励对短时停车实行收费优惠。将免费变为收费,低收费相对提高,计费时长相应缩短确实可以引导大家使用路外停车场,从整体而言,也可以提高停车资源的使用率。

### (三)停车收费价格制定需考虑的其他因素

将路侧停车资源从免费变为收费,将不同区域、同一区域停车收费进行差异化设置,确实可以调整车主的停车习惯,当可以选择时,尽量选择公共交通出行,将车停在非密集的区域。但是改变车主的停车习惯并不能一朝一夕完成,因此,在这过程中,也需要注意其他方面的问题。比如,要充分考虑一个市区以往的收费习惯,免费变收费、低收费变高收费需要一个接受的过程,如果一下子将停车收费变得很高,市民从心理上很难接受,那么,这个过程必须由政府相关部门配合,需要政府强有力的违章停车执法作为保障。违章停车执法严格之后,可以倒逼车主选择规范的停车设施进行停放,当收费成为一种常态之后,市民变回逐渐的接受。

# 某市奥体中心及地下停车场项目

## 一、项目背景信息

某市奥体中心及地下停车场项目,是当地住房和城乡建设局实施的新建项目,主要建设内容为一场一馆、一个停车场。项目建设占地面积 63327m$^2$(95 亩),建筑面积合计 104780m$^2$,其中:奥体中心体育场工程建设面积 25500m$^2$,奥体中心地下停车场工程 60000m$^2$,奥体中心综合健身馆工程 19280m$^2$及配套基础设施等。该项目总投资 63805 万元,主要用于项目建设的建筑工程投资、配套工程投资、设备购置及安装费用、无形资产费用、其他资产费用以及充实企业流动资金等。

该项目由政府出资方代表与中选社会资本方共同组建项目公司,项目公司由社会资本方控股,合作范围则包括本项目的投资、融资、建设部分及运营维护部分,具体含奥体中心、地下停车场及其他附属工程。项目合作期限 30 年,其中建设期不超过 3 年,运营期满后,项目公司将本项目资产及运营权移交给区住房和城乡建设局或政府指定机构。项目运作模式为 BOT(建设—运营—移交)模式,项目每年可产生相应的使用者付费,因此,该项目回报机制为可行性缺口补贴。

## 二、项目分析

从项目建设内容来看,本项目主要是为了建设奥体中心(体育场和综合健身馆),但是奥体中心作为一个公共活动场所,建立之初必须要考虑社会公众的停车需求,从国家政策的角度看,奥体中心也必须遵守城市建筑物配建停车场的规定。本文就重点分析国家对建筑物配建停车场的相关政策规定以及配建停车场在一个城市停车资源中的重要地位。

### (一)与建筑物配建停车场相关的政策规定

2015年8月,国家发展和改革委员会联合财政部、国土资源部、住房和城乡建设部、交通运输部、公安部、银监会共同印发了《关于加强城市停车设施建设的指导意见》(发改基础〔2015〕1788号,以下简称《指导意见》),《指导意见》作为城市停车产业发展的里程碑文件,其编制主要是为了解决城市停车问题的迫切需要,同时,对于停车产业而言,也能够有效吸引投资、促进发展。停车场建设是刚性必要需求,而且全国的缺口很大,停车场建设势在必行。受限于以往的城市规划,我国很多城市都存在用地开发强度高且人口密度大的问题,再加上环境、能源等方面的考虑,城市的出行结构应当以公共交通为主,私人汽车出行应当保持在合理的状态中。但无论是公共交通还是私人汽车出行,停车都是必须要解决的问题,基于这些考虑,《指导意见》突出强调了停车建设主要是解决既有车辆的基本停车问题、要严格限制出行车位,并配以严格的违章停车执法,来保持良好的停车秩序。从中可以看出,国家并不支持一味地增加出行车位,这样弹性的机制只会反向促进越来越多的人购买车辆,相反,适度满足居住区停车和从严控制出行停车才是最好的解决办法。

从严控制出行停车,很多城市都采取"单双号限行"的办法;从根本减少车位需求量,很多城市采取"摇号买车"的办法,那么,基本保证居住区停车究竟如何来实现呢?根据《指导意见》的规定,各地要依据城市总体规划和综合交通体系规划,以配建停车位主体、路外公共停车位辅助、路内停车位补充,要采用差别化的停车供给策略,修订城市建筑物配建停车泊位标准,组织编制停车设施专项规划,并及时纳入城市用地控制性详细规划,做好用地管控。规划需统筹城市功能分区的区位特征、用地属性、公共交通发展等状况，合理测算停车需求，明确阶段性适应目标，优化设施布局，制订近期实施方案，建立项目库，并及时公布。从上述规定可以看出，国家对于停车供给的基本战略是“以配建停车位主体、路外公共停车位辅助、路内停车位补充”，以路内停车位为补充主要是为了减少路侧停车，减少车辆对路边资源的长时间占用，有利于车辆通行，减少交通拥堵，保障行人安全；路外公共停车位是指专门为了停车而建设的停车场地，在国家定位的停车产业发展战略中，路外公共停车位仅作为公共停车资源供给辅助性措施，一方面是因为不能够无节制的扩大公共停车资源，吸引更多地人买车，另一方面也是由于城市布局过程中很难再有大片的土地供应，没有办法大范围的建设路外公共停车位；配建停车场则是建筑物按照各自城市配建标准来建设停车位，正如本项目建设奥体中心的同时配建停车场一样，从上述内容来看，停车场的建设面积占整个工程建筑面积的一半以上，因此也可以看出配建停车场的重要性，如果建筑物没有配建停车场，那么公众场所本身带来的停车需求将无法解决，将会进一步导致车主长时间占用路侧资源停车、绕道寻找有空位的路外停车场停车，进而加重交通的拥堵，影响人们实现正常出行的目的。

以配建停车位为主体、路外公共停车位辅助、路内停车位补充的发展定位完全符合国家“解决既有车辆的基本停车问题、要严格限制出行车位”的基本要求，以保证居住小区停车位供给为出发点，则基本能够解决既有车辆的基本停车问题，也符合国家主要发展配建停车位的目标。

**(二)建筑物配建停车场的重要地位**

从近期国内一些大城市出台的政策、标准看，提高停车配建标准也是一个趋势，例如上海把内环以内商品房的最低停车配建指标从原来的 1∶0.7 提高至 1∶1，即“一户一车位”；北京也将大幅度提高居住区配建指标，由“三环路以内每户 0.3 个，三环路以外每户 0.5 个”到基本停车位满足“一车一位”的需求，停车配建标准的确定必须要综合考虑各种因素确定。那么，这样提高建筑物配建标准的原因到底是什么？建筑物配建停车场在城市停车资源供给环节中究竟有什么重要地位？

1. 满足停车需求

从很多城市的现状来看，城市停车资源中，建筑物配建停车场供给的停车位占绝大部分,而从上述国家政策来看,未来停车资源建设方向也主要以配建停车场为主,因此在未来,建筑物配建供给的停车位将成为主要的停车资源,满足绝大部分车主的停车需求。

2. 吸引社会资本投资

国家提出要以配建停车位作为最主要的停车位供给方式,其中一个重要的原因则是和投资主体相关,在现有城市现状中,土地购买是建设停车场的一大难题,高额的土地购买费用与较低的停车费收入成为建设公共停车场的主要矛盾之一。但是配建停车场却可以有效解决这一问题,很多公共场所,例如商场、奥体中心都可以产生其他收入,而一些不能产生使用者付费的场所也可以由国家财政进行补贴建设,因此,建筑物配建停车场受较低的停车费收入影响很小。此外,配建停车位是由建筑物建设主体在投资建设,而路侧车位与一些公共停车场是需要政府投资的,大力发展配建停车场,对于政府而言也可以减少投资,将财政资金用于需求更强的地方。

3. 平衡停车资源供给

很多建筑物配建停车场都有自身的停车特征,这主要与社会公众的行为相关,例如商场的停车场一般都是周末的使用率很高;住宅小区的停车场一般在晚上的使用率高;而医院则是工作日的上午会比下午使用率高。根据不同类型的建筑物配建停车场使用特征,可以充分地整合停车资源,利用各地区的特征选择停车,比如住宅小区白天空车位多,那么就可以和周围白天停车需求量大、夜间需求量小的停车场进行合作,互换资源,再加上智能化系统的引导,指引车主快速找到空车位,提升停车体验。对于各个不同的停车场而言,都加大了停车位的使用率、周转率,加快了投资人的投资回收期。

4. 缓解交通拥堵

当不同停车场进行联合,不同停车资源进行开放使用时,车主可以有更多的选择空间,加之智能化停车信息平台的应用,车主可以更准确、快速地找到停车位,减少了车主在路上寻找空车位的时间,减少了因寻找车位造成的拥堵。另外,增加建筑物配建停车位的标准,增加停车位的供给,很大程度上也减少了车主寻找车位造成的交通拥堵。

# 附录三　国外停车经验一览

城市是人口和商业聚居的集中地，随着机动车的急剧增长，在为人们带来出行便利的同时，也给有限的城市空间带来压力。在全世界的各大繁华城市，都不可避免地面临着停车管理的问题，本附录展现国外部分城市和国家的停车管理经验，供参考和借鉴。

## ○纽约：市场化＋人性化

纽约市人口密集，交通流量大，停车管理至关重要，关乎民生和城市发展。为解决城市问题，纽约市对停车管理的改革也是不遗余力。

为了方便购物和娱乐，伦敦路边一般都设计时车位，地段越繁忙，停车时限越短。时限越短，收费越高。除了路边计时车位外，纽约市还有不少公共停车场。这些停车场的收费方式和标准与路边计时相同。大的公共停车场可容纳数百辆车，并分割成不同区域，配以不同颜色的标牌。不同区域停车时限不同。

值得一提的是，这些低价停车区域还设有残疾人专用车位。不仅从道义上，而且从法律上，确保了残疾人权益。法律明文规定，没有残疾证的车辆不准在残疾车位上停留。否则，车主会被罚款。另一方面，纽约市对申领残疾停车证规定十分严格。一旦发现作假，申领人和出具假证明的医生都将受到重罚，罚款额为 250 ~ 1000 美元，另需交数十美元手续费。

在纽约，私营停车场生意兴隆。在纽约市，尤其是旅游、商务和住宅区周边，到处可见私营停车库招揽生意的广告牌，有的车库还派人在车库门口挥舞小旗拉客停车。比如曼哈顿地区面积为 62.16km$^2$，但私营停车库却超过 10 万家。纽约停车场管理的一大特点是，路边车位和公共停车场没有停车管理人员，只有交通执法员。他们十分敬业，不停地巡视查看停车计时表或放在车前窗后面的停车收据。发现超时停车，即用掌式罚款机扫描车辆注册贴签，并输入违章车型和具体违章地点。罚单一旦开出，即使车主赶到也很难通融。这种严格执法方式，看似不近情理,但却有效保证了有序的都市生活,以及交通大动脉的畅通。

整体而言,美国是“车轮上的国家”,停车已经在美国成型,并成为利润非常丰厚的重要产业。美国的基础设施架构条件比较优越,民众拥有汽车并不会受到是否拥有停车位的限制。除了纽约、旧金山等大城市停车问题严重外,其他区域停车会非常方便,有的家庭拥有至少两辆以上的汽车。但停车监管也很严格,凡居住、工作或就学区域都会发停车证,无证停车者要被罚款。另外,工作区域停车一定要注意路边的提示,例如允许的停车时间,交费时间限制,不能在居民门口妨碍他人出入停车,不能在火警栓前停车等。违规者会被开罚单,或者会被执法机构拖走。

### ○英国:经济实用停车场+精细化管理

在英国停车费也是因城市而异,首都伦敦已经成为全球停车费最高的城市,尤其在市中心的地段是出了名的贵。伦敦的居民车主可以在所在地附近购买长期专用停车,全年大概需要几百英镑不等。当然这些有车的伦敦居民平时在上班上学时还是主要会使用公共交通工具,包括地铁、火车以及公交。

伦敦市政府也开辟了收费停车场的网站,在该网站上列出了市中心地区露天停车场和地下以及建筑内部停车场的位置,收费数量和流量等重要信息。车主可以在出门之前在该网站上预定自己需要的停车位置和时间并输入信用号码即可,不必再到处转悠,对比价格和寻找车位,这样既节省了车主的时间,又减少了街道上的车流量,很好地保障了交通通畅。

英国有世界上最复杂的停车管理体系,也是世界上停车管理最成功的国家之一。英国汽车保有量居高不下,加上对古建筑保护制度的限制,停车难度困扰着英国的各大城市。但英国政府对停车实行精细化管理,科学规划车位布局,制定详细停车规定,对违规停车进行严格执法,并要求交通、市政、社区等多方协调合作,将停车管理与环保、节约社会成本、交通安全等政策配套执行,创造出了既方便驾车人出行,又能缓解道路拥堵,同时还达到提高能源、土地等社会资源综合使用率的良好效果。

英国的商业停车设施有地上停车场、地下停车场和路面停车位等多种形式。停车场经营者有地方政府、私营企业、商场、车站等。1931 年成立的“国家停车场”

(NCP)是英国最大的停车场管理集团,在全国运营数十万停车位。

英国的私家车大多露天停泊。但车位即便是就在自家门前的公路上,也大都需要付费向地方政府申请停车许可证,不同区域住户停车收费标准不同,大都按年付费。非繁忙路段,地方政府发出的停车许可证数量少于路面停车位数量,以保证住户停车权利。鉴于英国车位网络纷繁复杂,英国政府十分重视停车管理问题。英国政府和有关部门主要通过停车收费制度、不同区域设置不同停车时限及严格执法来保证车位网络的高效运转。英国路面停车位都配有停车收费机,收费机上标明征收停车费的时段、收费标准及最长停车时限等。

英国《道路交通法》对其他路面停车也有详细规定。道路是重要国有资产,英国城市道路两边不同边线表明该路性质:红色边线表明是主干道,由交通警察负责执法;黄色和白色边线道路由地方政府负责执法。双黄线表明任何时候禁止停车,单黄线表明停车时间有限制,通常是上下班高峰时段禁止停车,或整个白天禁止停车,有的停车限制仅限于周一至周五,有的是周一至周六,有的是周一至周日(公共节假日除外),例如伦敦西敏区的单黄线停车限制有8种。

在车辆持续增长与停车位紧缺不配套的情况下,提高中心城区停车收费标准,利用价格杠杆引导需求,是许多城市应对停车难的一个常规做法。英国的停车管理,在常规做法的同时,利用信息技术,增加多项便民服务,强调停车管理员的服务功能,值得借鉴。

## ○法国:严格控制车辆

作为国际大都市,停车难问题在巴黎由来已久。巴黎市政府也是伤透了脑筋。对于居住在巴黎那些不具备停车场的老宅居民,停车问题是这样解决的。巴黎有很多老房子,根本不具备建停车位的情况,那里有很多林道,会被开发出来,长长的一条道停满了很多汽车。针对居住在巴黎的居民,可以去市政府申请一个停车位,一个月交几欧元的费用就可以了。如果开车到巴黎市中心,人们还会发现停车位更加紧张。据了解,这是巴黎市政府有意而为的,他们希望以有意减少停车位的方式,更多鼓励居住在巴黎外的人们尽量选用公共交通工具前往巴黎中心。

巴黎有两种停车场,一种是室内停车场,一种是路面停车场,而路面停车场的车位是远远不够的。巴黎为了让外省人进城不开车,所以减少路面停车位,建议把车停在外面,自己坐公共交通进巴黎。室内停车位是比较好找的,但是车位小,收费贵,尽量把车停在越靠外围越好。

## ○俄罗斯:规范而智能化的管理

俄罗斯总给人地广人稀的印象,那么俄罗斯大城市拥堵现象是否会好一些呢?莫斯科、圣彼得堡的拥堵指数丝毫不亚于其他的国际化都市。那么俄罗斯对于停车、购车、堵车这些连锁性问题又是怎么看的呢?

为了应对汽车产业的不景气窘境,俄罗斯政府贴汽车贷款,延长汽车报废程序,并允许个人租赁汽车,对于购车完全没限制。目前,莫斯科街道上已挂起了警示标志,并安装了自动计费机。停车者可通过发送短信的方式计算停车费,短信中需注明车号以及预计停车时间。

此外,莫斯科市政府还推出了适用于所有常用移动设备的应用程序,只要通过手机拍摄信息牌上的QR代码,停车费会从车主账户中自动扣除,当然为此需要首先在专门网站上进行注册。残疾人享有免费停车特权,10%的停车位专供残疾人使用。

## ○美国:"路权观"确保美国城市交通规范有序

美国的城市交通基础设施相对陈旧,也很少有大范围高密度的智能交通系统作支撑,但走在美国街头,却感觉井井有条。为什么?

因为美国在城市交通方面做好了一件事,就是形成了深入人心的交通秩序观,再说直接些,就是路权观。

### 1."路权观"确保美国城市交通规范有序

在美国,就业多集中于中心城区,居住区则以较低的密度散落在中心城区周围数十英里(注:1mi≈1.6km)范围内。这种郊区化的城市形态,带来了巨大而分散的长距离潮汐交通。从规划角度看,这并不算是优秀的城市交通案例。但庞大的路网体系和满满当当的汽车,却在美国呈现出非常有秩序的画面:

(1)动态层面,人和车都按规则有序行进,该走就加快走,该让就停下让,该分车道走就分车道走,这种张力下的平衡,走出了畅通,让出了安全,分出了效率。

(2)静态层面,停车守规矩,路面上清清爽爽,静态对动态干扰低,一派停车有据、停车有位、停车有序、违停有罚的画面，实现了“以静促动”的目的。

这一切都建立在美国社会的路权观上。所谓路权，就是道路使用者根据交通法规的规定，在道路上一定的空间和时间内进行交通活动的权利。路权观是构建美国交通的核心意识，如果侵犯他人路权，轻则受到他人不满与愤怒，重则引发交通事故，因为在美国人眼中，已经默认了所有交通参与者都会按照路权来行驶。

2. 规范动态路权，美国做了什么？

在动态路权层面，美国大致做了这么几件事：

(1)顶层依托，实现有法可依。以芝加哥所在的伊利诺伊州为例，伊州的交通法(Illinois Vehicle Code 625 ILCS 5)对路权的使用规定清楚细致，确保每一个交通参与者在任何交通环境下，都会被赋予是拥有或不拥有路权的范畴，会让你时刻知道自己是处于该行驶还是该让行的状态。这其中，有主路与辅路的关系，有转弯与直行的关系、有无信号交叉口多个方向之间的关系、有机动车与行人和非机动车的关系、有社会车辆与特殊车辆的关系……总之是涵盖了路面上可能遇到的各种情况。

(2)基础至上，强化交通设施。交通标志标线是“物化”的交通法，是将交通法落实到路面上的实际载体。在美国路面上，密集而规范的交通标志标线与信号灯，深化了交通参与者对自我路权的可识度。实事求是地说，无论是芝加哥、纽约、西雅图这样的大城市，还是像圣路易斯、密尔沃基、安克雷奇等中等乃至边疆偏远城市，再细小的街道，交通标志标线都一样齐全，几乎看不到所谓的“白板道路”。就算是农村山区里的无信号交叉口，该有的 STOP 标志也一个不少。

(3)齐抓共管，严格法律执行。在美国，如果有侵犯他人路权的行为，警察是高概率会现场拦车执法的，即便现场没有警察，也会感受到其他交通参与者的愤怒，而且市民都经常选择报警。此外，美国人开车，即使不违反路权，也很少出现来回并线和相互催促等情况。对交通参与者而言，这看似没有达到“个人利益最大化”，但其实是加强了整体交通系统的稳定性，降低了剐蹭事故的可能，减少了各类事件对城市交通的干扰。

(4)精细设计，贴近需求差异。在这一点上，美国针对不同城市的具体交通需求特性，设计了一系列诸如潮汐车道、合乘车道、收费车道等差异化需求管理方式，结合道路断面划分出在某一时间段内准许某一类型车辆优先专用的行驶空间，人为提升具有导向属性车辆的路权。

3. 停车秩序也是路权观的体现,美国是怎么做的?

停车秩序也是路权观的体现,因为乱停车是侵犯其他拥有路权车辆通行的一种行为。在静态路权层面,美国做了如下几件事:

(1)实现中心城区付费停车全覆盖。美国城市的中心城区不会留下可以免费停车的空间,政府依靠信息告知精确化、区域设置精细化、执法力度精准化来推动停车管理。关于路内是否可以停车,美国中心城区大小主干次支路都设置了高密度的交通标志进行告知,并且大多规定停车时限(如高峰时段禁停、周一至周五禁停、冬季多雪期间禁停等),减少静态对动态的干扰。一旦出现超时停车、不缴费停车、不按规定停车等情况,都会被贴上罚单。芝加哥一般违停罚单为60美元(约合人民币408元),凡在拖车区域违停,车辆会被拖走,罚款与拖车费、保管费合计超过250美元/天(约合人民币1700元)。

(2)实现供给引导停车需求合理分布。美国各城市都主导长时停车进停车场库、短时停车停放路侧泊位的供给策略,即实施以公共配建停车为主、路内停车为辅的停车供给策略。美国舍得用地建公共停车楼,凡是交通吸引点,都会配建公共停车楼或停车场。收费方面,大城市一般首小时20美元(约合人民币136元)起步,停一天40美元(约合人民币272元)封顶;路内停车虽在5~7美元/h(约合人民币34~47.6元/h),但最多只允许停2h,超过时间未驶离或未续费,会被罚款或拖车,以此提高路内泊位周转率,避免车辆长期占用道路资源。

(3)实现培育社会多元共管体系。除加大供给和严格管理外,美国凭借其科技发达和市场化水平高的优势,进一步优化资源利用率,减少行政管理成本。比如多家互联网停车企业可以提供线上预订停车服务,通过APP可提前预订、支付芝加哥中心城区95%以上的公共停车场泊位,还能享受5折以上优惠。同时,把停车管理放手交由市场运作,违停罚单、拖车等工作都由停车管理企业完成,加强执法专业性,保障查处覆盖面。

## ○日本

1. 购车得有"车位证明"

日本也必然会遭遇停车难的困境,仅其首都东京,就集中了日本全国1/10以上的人口,汽车保有量早就超过 800 万辆。北京的人口密度只是东京的 1/4,人均汽车保有量是东京的 1/2,但东京很好地解决了停车难和拥堵两大问题。当然,东京认为解决停车对解决拥堵贡献很大。

东京都政府于 2000 年正式颁布了《交通需求管理东京行动计划》,提出的 9 项措施中首要目标是恢复现有道路的容量和交通承载能力,重中之重就是治理停车。在东京,公司和机关里没有私车停车位,而商用停车位的费用很高,最短按 15min 计价,最高 2 美元。在日本,购车时必须出具"车位证明",即要求"一车一位",这与中国的住宅楼卖车位不同,日本只是出租车位,东京车位的月租金大致在 300 ~ 600 美元。也就是说"你得租的起停车位才批准你买车。"购买汽车后,停车位证明标志必须像我们贴检验标志一样,贴在汽车后风窗玻璃的左上角或右上角的醒目之处,以便随时检查。警察若发现伪造停车泊位证等现象,将罚款 20 万日元,并且在两年内不能申请买车。

如果你认为这样一来,买车很难就错了。实际上,日本政府通过合理的城市建筑规划,给予了足够的停车位给私家车主们。

2. 相隔一两百米就有停车场

对车主条件苛刻只是为了确保私家车能"有位可停",同时日本各地方的城市管理者对住宅楼、商业楼的规划,要求同样严格苛刻——要求建筑物在建设时就充分考虑停车因素,并严格规定按照建筑面积配备一定的停车位数量。在繁华和容易拥堵的路段,日本政府倡导"小而分散"和"就近服务"的停车场布局,鼓励经营者多建立体式停车场。

因此,这次在日本旅游期间,无论是东京、大阪这样的大城市,还是在静冈、伊豆、镰仓这样的小城市,小型停车场随处可见,已经到了一两百米,就有一个停车场的节奏。虽然有些停车场,只有 3 个车位,但也能让市民避免停在路边,也让市民们有车时,自然就有地方停。

日本政府近年来积极推广机械式立体停车场建设。东京都台东区于 2009 年建设了占地面积 5400$m^2$,各层面积达到 1.5 万 $m^2$,能停 500 辆车的立体机械式停车场。据日本相关机构统计,截至 2010 年,日本的机械式停车场提供的停车位就有 300 万个。而停车行业也为日本提供了约 30 万个就业岗位。

3. 商业停车场收费平民化

当然,这些立体停车场的收费相对于中国来说,并不算特别贵。如大阪小巷子内的一个小型露天停车场,平日 60min 的收费是 200 日元,折合人民币也就是 10 元/h,最贵也是 15 元/h;而商业立体停车场的收费稍贵一点,在 8:00 ~ 22:00 期间若一直停放,收费 1400 日元(折合人民币 70 元),22:00 ~ 8:00 夜间收费 500 日元(人民币 25 元左右)。相对于日本人民的收入水平,真不算高。而像静冈这样的海滨二线城市部分停车楼一日收取 1000 日元,也就是人民币 50 元而已,实在是很低。重点是,这些停车场的停车收费比路边停车便宜一半多,还根据全时停放、白天停放、工作日停放定价不同。

4. 咪表少且特别贵

现在,东京恢复道路容量的主要措施之一,是重点取缔"瞬间非法路边停车",东京城市管理者认为,这是导致交通拥堵的重要原因,尤其是十字路口附近的路边停车影响最大,可以使交通容量降低 20% ~ 40% 的效率。如果再加上路边的停车位,那么必将加重堵塞。日本人认为车位的产权归政府所有,停车费的收入也归政府。当然日本也会有占用道路划停车场的,只是非常少!这种停车位必须通过各"区役所"开会讨论通过,收费标准也必须先由"区役所"批准。这些少量的"路上停车位"(类似路边咪表停车)采用"3h 内和超过 3h"的阶梯收费,最高封顶价将达到 3000 日元(折合人民币 150 元)。

5. 乱停车会受到重罚

通过合理规划提供足够的停车位的同时,日本也对路上或停车场内的违章停车进行严格处罚。交警会不定期在自己负责的辖区巡逻,一旦有违章停车就会贴上处罚通知书,违章停车的车主会被罚款和扣分。同时,还有专门的协管员负责在道路上查看车辆违章停车情况,发现有违章停车情况,就会拍照取证,将其作为交警处罚的依据。

根据违章情节对道路交通造成的影响程度,罚款达到 2 万 ~3 万日元(人民币 1000 ~1500 元)。如果违章停放车辆被拖走,车主除了要交违章停车罚款之外,还要交非常昂贵的拖车费。当然,日本人自己也非常守规则,在日本街头基本见不到在路边乱停车的车辆,很是自觉。

## ○新加坡

新加坡全域国土面积为719km²，人口553万人，高峰时段快速路平均车速高于60km/h，中央商务区平均车速为25km/h，公共交通系统高峰期在出行结构中占63%的分担率，85%的公交乘客都可在早高峰45min内完成出行。城市交通运行高效快捷，是一个不堵车的城市。新加坡一体化的治理与规划、居者有其屋的组屋建设、车辆配额系统、中心区拥堵收费、公交专用道、有盖走廊、绿道规划建设等政策和措施对新加坡城市交通的高效运行起着非常大的作用。

1. 严格的车辆拥有控制（车辆配额系统）和使用控制（电子道路收费ERP系统）是保证新加坡道路交通畅通的前提条件

从源头上对车辆的拥有和使用进行控制是新加坡道路交通保持畅通的前提，在此基础上，新加坡鼓励市民乘坐公共交通，进一步提高了公共交通服务水平，做好轨道交通站点的一体化设计、开设公交专用道等，保证了新加坡交通的高效运行。

1）车辆拥有控制——车辆配额系统

新加坡政府于1990年开始引入车辆配额系统（Vehicle Quota System，VQS）。该系统对每年增加的车辆数量进行控制，任何想要拥有一辆汽车的人，首先必须去竞投拥车证（Certificate of Entitlement，COE），拥车证的使用年限为10年。当拥车证用满10年之后，车主如果要继续使用原来的汽车，必须根据最近3个月拥车证的平均价格。另外购买5年或10年期限的拥车证。政府每年根据当前交通状况和道路容量公布本年度车辆增长率，即车辆配额。拥车证每个月按额发放，总是超过供给的需求推升着价格，让很多人都无法负担。

近几年，新加坡拥车证的价格上升了很多，特别是在2013年、2014年达到价格顶点。当时，最便宜类的汽车拥车证也要七八万新元。以一辆1.6L排量的普通小汽车为例，上路前所需缴纳的一系列费用，包括拥车证费在内大概10万新币，大约相当于50万元人民币。而车价本身仅约占总购车费用的1/3。一辆普通小汽车的总购车费用在当地相当于一套约100m² 政府组屋（HDB）一半的价格。组屋是新加坡政府为工薪阶层建造的政策性居住保障房，三室100m² 左右的HDB房屋市场价格约为30万新币。

目前,新加坡机动车总数约为97万辆,其中小汽车总数为61.8万辆,千人拥有机动车180辆、千人拥有小汽车114辆(重庆2015年千人拥有小汽车132辆)。对于新加坡人来说,拥有一辆私家车是个昂贵的梦想。不过,对于新加坡政府来说,自1990年实施车辆配额系统、拍卖拥车证以来,控制车辆增长的效果却颇为明显。2009年之前,新加坡每年车辆净增长率一直维持在原定3%的目标,现在新加坡的车辆年净增长率已经降到0.5%的低水平。

2)车辆使用控制——电子道路收费系统

1975年,新加坡开始引入地区通行证制度(Area Licensing Scheme,ALS)用于调节道路拥挤状况,这是第一个人工道路收费系统。1996年6月,道路收费制度(Road Pricing Scheme,RPS)在东海岸路实施。根据这两个系统,用户必须按日或按月购买固本(Coupon)的形式进行注册才可以获得用路权,由专人在限制使用的道路入口进行检查。鉴于AL S和RPS采用人工操作,效率和覆盖面积都受到很大限制,陆路交通管理局(Land Transport Authority,LTA)于1998年4月实施了著名的电子道路收费系统(Electronic Road Pricing,ERP)。

新加坡是世界上第一个在大范围内通过实施电子收费来降低高峰时段交通拥堵的国家。一旦用户在规定时段进入限定的中心商业区(CBD),ERP系统会在车辆通过收费闸门时,根据车辆种类自动从车载装置内的现金卡中扣除应付费用。基本上,ERP在中心商业区的一定路段和容易发生阻塞的高速公路上实施,以防止这些地区的道路出现过载现象。

ERP系统向用户收取的费用反映了由于车辆使用道路形成的阻塞成本,根据道路的使用状况(拥堵程度和车流速度)而动态变化。通过额外的收费,它使用户在不必要的时候避免进入控制区域以降低交通成本,从而达到减缓阻塞的目的。

总而言之,车辆配额系统增加用户购车的固定成本,道路收费系统则增加使用车辆和道路的动态成本。通过两者的结合,新加坡政府对交通需求进行了长期和短期、静态和动态的有效调控,有力地保证了以公交系统为导向的交通发展战略的实施。

2. 严格分层级的道路网络衔接体系和高标准的道路控制

根据2014年统计数据,新加坡道路网总长约3495km,其中快速路(含高速公路)164km,主干道698km,次干道(集散道路)578km,支路2055km,路网级配比例为1:4.25:3.5:12.5，构建了一个较为完善的道路网络。此外，为进一步完善新加坡高快速路网系统，新加坡正在计划新建多条地下快速路系统，如全长12km的加冷巴耶利峇地下隧道快速路系统，是东南亚最长的一条地下快速路系统，造价18亿新币，到达市区只需12min。全长21km、耗资80亿新币的南北高速公路建设将使新加坡北部居民到中心区的时间缩短30%以上。

1）严格分层级的道路网络衔接体系

新加坡的道路网执行严格的分层分级功能体系，由高快速道路、主干道、次干道（集散道路）和支路系统等组成，不同等级的道路功能层次非常清晰。高快速路和主干道突出交通功能，有各种形式的中央隔离。一般来说，高快速道路只能和主干道相衔接形成立交，不能直接联系次干道和支路系统，主干道也只和次干道相衔接，不能直接联系支路系统。

以淡宾尼新市镇为例，快速路从新市镇边缘通过，只与主干道进行衔接，这既提供了大流量的快速交通通道，又保持新市镇的完整性；同时快速路两侧绿化带为30m，这也保证了居民人身的安全和生活的安宁。主干道按照400～900m间距布设，整体干路网呈风车状，两端分别与边缘快速路、其他主干道和次干道相连，成为联系新市镇中心和各住宅区间的主要道路。住宅区内次干道、支路间距一般为180～300m。根据统计可知，淡宾尼新市镇道路占地约14.5%。新加坡中心区的道路网密度则相对较高，一般主干道间距在300m左右，支路网间距一般在50～100m。

2）高标准的车道数规模控制

新加坡高快速路规划建设标准都很高，车道数规模一般在双向8车道以上，部分高快速路达到双向10～12车道，如滨海高速公路为双向10车道等，且每条路两侧局部地区设置了平行辅道分流短距离车流，这些道路不收费，在沿线居民区设有一定数量的出入口，行程车速也能保持在40km/h以上（高速公路限速90km/h），主要发挥为高速分流和对沿线地区的服务功能。高快速路与主干道立交基本上采取喇叭形立交设计，设置标准一般较高。

中心区主干道一般为双向6～8车道或者单向4～5车道以上，主干道上严禁建筑开口，所以运行效率比较高，密集的次支道路既承担了建筑进出功能，也为单向交通组织和公共交通网络的布设提供了条件。

3)精细化的道路设计和交通组织

新加坡进入20世纪90年代以后,随着大规模道路基础设施的建设完成,逐步进入了精细化的道路交通管理阶段。新加坡的市政道路中,基本上所有交叉口都进行了渠化设计。路口导流设计科学合理、标志清晰,车辆可得到清晰有效的引导,许多路口还为转弯车辆设置了提前待转区。在许多社区内的支干道路,还往往留有路中央分隔带,规范对向车辆各行其道,保障道路交通安全。交通信号系统和交通信息系统在多个路段和路口进行协调联动。在新加坡有很多单行道,无论是在城市中心区还是在新市镇,单行道随处可见。为避免车流交叉和相互干扰,许多是四五个车道宽的大路都是单行道。单行交通组织大大提高了城市交通运行效率。

4)高标准的建筑开口控制

新加坡所有的建筑物一般不会直接向主要通道开口,要求任何项目若是需要兴建直接通道(不论是小的专用车道或新的服务出入通道)连接主干道或以上等级道路,均需要进行交评研究。即使通过交评研究需要开口,在开口路段也设置了渐变段接入主干道。

3. 公共停车场(位)的规划建设经验

新加坡从20世纪70年代开始执行高额停车收费的静态交通控制交通流的策略。经过多轮评判,新加坡当局认为按照行为经济学的研究,人们普遍具有“损失厌恶”心理,过高的停车收费很可能对中心区的商业、市民生活造成影响。同时,停车费的增长同样有较大负面作用,如搜索车位造成交通混乱、执法成本增加等。目前新加坡已改为“满足需求为主”的停车策略,即“停车设置量大,停车不难不贵”。总体来看,在停车方面有以下经验。

1)执行严格的配建指标规定

为了解决停车难问题,新加坡政府规定每个公有公寓、组屋区、社区、大饭店或者说每幢大建筑物都必须修建一定数量的停车位。若建筑物不按标准设置配套的停车场,将按停车位缺少的数量罚缴建设差额费。所有的商场、餐馆必须提供上下货区,酒吧、餐馆必须有停车位,否则不能营业。

2)建多层公共停车楼

新加坡另外一个解决停车问题的最重要途径是建设多层(高层)停车楼。这种多层停车楼是组屋区必须配套建设的，每 3 ~4 幢住宅楼共用一个多层(高层)停车楼。公共停车楼一般建在配套住宅楼的中间，车位足够这几个住宅楼内住户停车使用，而且离每幢楼的距离都很近。一般是规矩的长方形布局，层数多为 5 层，车道可直通 5 层，屋顶层既可以停车，也可作为屋顶花园来综合开发利用。其选址考虑的关键因素是住户的停车便利以及对周围居住街区的环境影响。由于其非居住属性，多层停车楼选址可在不宜人的环境中，一般在用地的“边角余料”，如高层建筑的阴区、南北向狭长地段，用地紧凑、空间效益高的区域，也可以是紧邻城市主干道受交通噪声影响较大的区域。

新加坡的中心商业区和办公大楼一般都必须在自己的楼内利用裙楼或地下空间、空地等辟出多层停车区，专供办公人员或者购物者停车。此外，在中心区一些支路上，也设置了大量规范的路内停车位，方便停车。

3)在轨道车站和公交枢纽站沿线设置了约 42 个 P + R 停车场

新加坡目前共有 42 处 P + R 设施，其中 29 个为多层停车楼，4 个为地面有遮挡停车场，9 个为地面露天停车场。P + R 设施与市中心平均距离为 14. 8km，其中距离大于 14km 的 P + R 设施有 21 个，占 50% 左右。42 个 P + R 设施中，有 38 个为社会公共停车场，也向一般社会车辆开放，提供“先到先得”的停车服务，其余 4 个为专用 P + R 设施。所有 P + R 设施中，有 27 个同时衔接地铁和公交，只有 15 个仅与公交车衔接。

4)停车位只租不售和实行“月租”“时租”和“择时免费”的收费管理办法

新加坡公共住宅、私人公寓楼、公共服务和商业服务区，停车位都“只租不售”，除极少数有专属停车场的机构可能会设几个管理层的停车位外，公共住宅楼、私人公寓楼和商业服务区内都不设置单个固定的租车位，停车实行“先来先停，有空可停”的做法。这样的停车方法，最大的好处是停车位的利用效率极大提高，不会出现“有空位但不能停车”的现象。

在“只租不售”的前提下，为了很好地调节停车位的使用效率，新加坡几乎所有的停车场都实行“月租”“时租”和“择时免费”的收费办法。这些不同的收费办法，既保证车主有比较稳定又经济实惠的停车位，又提高了停车位的使用效率，而且还避免成倍增加城市总体停车位的需求量，避免很多汽车为寻停车位而空驶和慢驶占道等容易导致整个车流降速、拥堵等问题。

4. 一体化的轨道网络和枢纽规划设计

目前新加坡拥有地铁(MRT)网络总长约154km、车站106座,日均客运量276万人次,日均客运强度达到1.8万人次/km,客运强度是重庆主城区现状的2倍左右;轻轨(LRT)网络总长约28.8km,车站38座,日均客运量13.7万人次。巴士(公交)有350条线路、4500辆巴士车辆,日均客运量360万人次,出租车2.8万辆,日均客运量100万人次。上述三种交通方式组成公共交通系统,高峰期在出行结构中占63%的分担率,全日出行占44%左右。城市中心地区市民步行到地铁站距离小于400m。

根据新加坡2013年陆路交通发展总蓝图,未来新加坡将新增5条地铁线,地铁线网规模将增加至360km,实现85%的公共交通行程在1h内完成,每10户家庭中有8户只需步行不超过10min就可到达地铁和轻轨站,75%的高峰时段行程将通过公共交通完成。

1)与城市空间用地布局一体化的轨道网络规划

新加坡的轨道交通规划与中心城镇体系和用地空间结合非常紧密。新加坡的轨道覆盖了所有的中心、副中心和新市镇,将新城与新城、新城与中央商业区及工业园相互连接起来。而且轨道交通站点位于新市镇的中心位置,基本上新市镇就是以轨道车站为核心进行规划建设。在一些新的新市镇,如榜鹅、盛港、武吉班让等,还规划了一些轻轨(LRT)系统,承担新市镇内部交通出行,串联新市镇规划的邻里中心、组屋等,扩大地铁的服务范围,为地铁进行客流补充和喂给。

2)一体化的轨道车站枢纽设计

为提高整个公共交通系统的整合度,新加坡通过交通换乘枢纽连接巴士换乘站与地铁车站。大型换乘枢纽主要位于城市副中心、大型组屋区与客流密集的地铁交会站。在城市副中心(淡滨尼、兀兰、裕廊东)、大型组屋区(大巴窑、武吉知马等)、地铁交会点一般都建有大型换乘中心,偏远地区的居民出行大量通过这些枢纽来完成换乘。此外,大部分地铁站点都配有公交枢纽站,里面有若干条公交接驳线路,部分地铁站周边还规划有社会停车场,形成一体化的换乘枢纽。巴士线路与地铁、轻轨分工明确,不相互重叠,不相互争客源,公交线路一般垂直于地铁线路,为应对新加坡天气炎热、下雨比较多的情况,新加坡的公交车站距离相对较近,一般在300m左右,基本每2~3个组屋区就设置有一个公交车站。

停车设施也按要求同步进行配套建设,采用TOD模式,轨道站点与城市开发一体化建设有机衔接。轨道车站一般与商业购物中心结合得非常紧密,车站出入口与周边地上、地下空间进行了一体化的开发,大量的客流又伴随着购物消费的需求,一体化设置的商业购物中心恰好满足了这样的需求,由此拉动了局部的经济和就业。

5. 精细化的建筑物交通影响分析和设计

新加坡非常重视建筑物的交通影响分析和设计工作,从每栋建筑物的细节和人车交通组织入手,来优化整个城市的交通。

新加坡开展交通影响评价的目的包括两个方面(附图 3-1):其一是对项目及局部交通影响而言的,即通过交评来分析项目开发对周边环境的影响,提前采取措施来减轻负面影响;其二是对 LTA 及整体交通环境而言的,即 LTA 可以通过交评程序更好地了解城市开发建设和新增交通需求情况,从而在制订交通规划或交通改善计划时更加有的放矢。

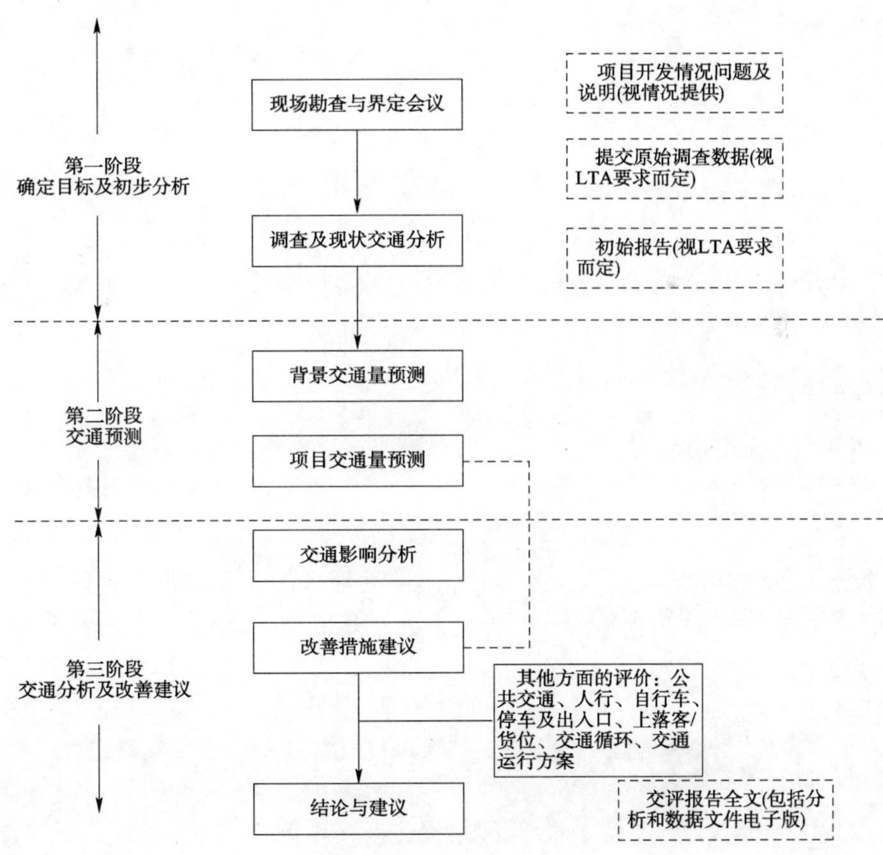


附图 3-1　新加坡交评工作流程图

新加坡的建筑物交通影响分析和设计都做得非常精细。要求对公共交通、人行、自行车、停车及出入口、上落客/货位、交通循环、交通运行方案等均需进行深入分析论证。一般来说,酒店、医院的进出口、人行车行完全分开,出租车、小汽车、大巴车的停靠站、进出流线也不一样。

# 附录四　智慧停车相关法规政策

锐思维咨询对我国现行停车产业政策进行梳理，主要内容包括以下三个部分，第一部分为现行停车产业政策法规核心内容概览；第二部分为现行停车产业核心政策概览；第三部分为智慧停车产业政策关键指标概览。

第一部分为现行停车产业政策法规核心内容概览，读者可对现行停车产业政策有初步认识。

第二部分通过对现行停车产业国家层面的政策进行查询、搜集、整理，编写了停车产业核心政策概览，并按产业政策颁文先后时间顺序进行排列，使读者对我国停车产业政策有直观的认识。2015 年之前，在城市停车领域，国家层面也出台过一些政策、标准，但并未形成体系，也没有引起充分重视和深入的落实。从 2015 年开始，国务院各部委开始逐渐发布关于加强城市停车设施建设的相关文件，其中包括发行城市停车场建设专项债券的指引、城市停车设施建设的规划和建设指南以及与停车场建设相关的收费政策、用地政策等文件，以《关于加强城市停车设施建设的指导意见》（发改基础〔2015〕1788 号）为核心，加之各部分的专项政策发行，逐渐形成了较为完备的停车政策体系。

第三部分在现行产业政策的基础上对智慧停车项目实施时的项目建设边界、项目用地、项目融资等关键指标逐项梳理，进一步提炼相关核心内容，意使读者快速了解停车项目关键指标政策内容。

# 第一部分:现行停车产业核心政策概览(附表4-1)

现行停车产业核心政策概览　　附表4-1

| 颁布时间 | 颁布单位 | 发文字号 | 法规标题 |
| --- | --- | --- | --- |
| 2010年5月19日 | 住房和城乡建设部、公安部、国家发展和改革委员会 | 建城〔2010〕74号 | 《关于城市停车设施规划建设及管理的指导意见》 |
| 2015年4月7日 | 国家发展改革委办公厅 | 发改办财金〔2015〕818号 | 《国家发展改革委办公厅关于印发〈城市停车场建设专项债券发行指引〉的通知》 |
| 2015年8月3日 | 国家发展改革委、财政部、国土资源部、住房与城乡建设部、交通运输部、公安部、银监会 | 发改基础〔2015〕1788号 | 《关于加强城市停车设施建设的指导意见》 |
| 2015年9月1日 | 住房与城乡建设部 | 建城〔2015〕129号 | 《城市停车设施规划导则》 |
| 2015年9月22日 | 住房与城乡建设部 | 建城〔2015〕141号 | 《关于加强城市停车设施管理的通知》 |
| 2015年9月22日 | 住房与城乡建设部 | 建城〔2015〕142号 | 《城市停车设施建设指南》 |
| 2015年12月15日 | 国家发展改革委、住房与城乡建设部、交通运输部 | 发改价格〔2015〕2975号 | 《关于进一步完善机动车停放服务收费政策的指导意见》 |
| 2016年8月31日 | 住房与城乡建设部、国土资源部 | 建城〔2016〕193号 | 《关于进一步完善城市停车场规划建设及用地政策的通知》 |

# 第二部分：现行停车产业政策法规核心内容概览

## 住房和城乡建设部、公安部、国家发展和改革委员会关于城市停车设施规划建设及管理的指导意见

（建城〔2010〕74 号）

各省、自治区、直辖市、计划单列市住房和城乡建设厅、建委，公安厅、局，发展改革委、物价局，北京市交通委员会，重庆市市政管理委员会，新疆生产建设兵团建设局、公安局、发展改革委：

在当前我国城市经济社会发展进程中，城市停车供需矛盾日益突出，特别是在我国城市土地资源高度紧缺和汽车拥有量快速增长背景下，由于停车设施总量严重不足、配置不合理、利用效率低和停车管理不到位而导致了严重的停车难、交通拥堵等问题，影响了城市居民生活质量，严重制约了城市可持续发展。为了贯彻落实国务院《汽车产业调整和振兴规划》，改善城市交通环境，构建现代化城市综合交通体系，引导城市停车设施发展，加强城市停车管理，规范停车收费，缓解城市停车难和交通拥堵矛盾，促进城市全面协调发展，现就城市停车设施规划建设及管理提出如下意见：

### 一、充分认识城市停车设施规划建设及管理的重要性

城市停车设施是城市综合交通体系的重要组成部分，与人民群众的生产生活息息相关。切实加强城市停车设施规划建设及管理，不仅是改善城市停车状况、缓解城市停车难和交通拥堵的客观需要，更是贯彻落实科学发展观、实施节能减排战略、合理配置城市土地资源、科学引导汽车发展、促进城市可持续发展的必然要求。要坚持以人为本的理念，把加强城市停车设施规划建设及管理工作，与落实公交优先政策、实施畅通工程、创建绿色交通示范城市等工作紧密结合起来，切实抓紧抓

好,全面促进城市交通与城市经济社会的协调发展。

## 二、城市停车设施规划建设及管理工作的原则与目标

各地要按照政府主导、因地制宜、统筹规划、协调发展的要求,以保障交通畅通有序、资源优化配置、群众出行方便为目的,认真解决城市停车设施规划建设及管理中存在的问题。坚持节约利用资源原则,在规划的指导下,综合利用城市土地资源,鼓励开发利用地下空间建设停车设施;坚持符合道路交通安全、畅通的原则,规划、设计、建设停车设施,应当有利于缓解交通拥堵,减少交通安全隐患;坚持设施差别供给原则,按照城市中不同区域的功能要求和城市综合交通发展策略,合理确定停车设施规模和管理政策;坚持停车需求调控管理原则,运用政策法规和停车价格调控,降低城市中心区停车需求压力;坚持高新技术引领原则,推广应用城市停车领域的新设备、新技术和新方法,以及适应电动汽车发展的停车场附属充电设施。

各地要根据城市经济社会的发展需求,近期着力解决停车设施供应不足、挪用停车设施和停车管理滞后的问题。争取用2~3年时间,进一步明确政府有关部门职责,形成高效协调的停车设施规划建设及管理机制;完善法规体系,编制完成城市停车设施专项规划,制订相应的地方技术标准和管理规定;充分利用地下空间资源,推动立体化停车设施的建设和管理;完善停车价格形成机制,理顺路内停车与路外停车、室外停车与室内停车之间的价格关系;建立完善科学的停车需求管理体系,充分运用行政、经济与市场等手段,严格控制占道停车位的数量,逐步形成配建停车为主、路外停车为辅、占道停车为补充的城市停车格局,在城市中心区外围大力发展停车换乘系统;推广普及信息化、智能化停车设备和停车诱导指示系统;基本建立依法管理、规范服务的停车管理体系。

## 三、加强城市停车设施专项规划编制工作

城市停车设施专项规划要依据城市总体规划、城市综合交通体系规划确定的城市交通发展战略和目标进行制定。在摸清停车矛盾现状、科学预测停车需求的基础上,按照差别设施供给和停车需求调控管理的原则,研究确定城市停车总体发展策略、停车设施供给体系及引导政策、社会公共停车设施布局和规模,明确建设时序和对策。要充分考虑城市停车设施系统与城市交通枢纽、城市轨道交通换乘

站紧密衔接，大、中以上城市应规划建设城市停车换乘体系，引导人们转变出行方式，缓解城市中心区交通拥堵。

100 万城市人口及以上城市应在 2010 年年底前编制完成城市停车设施专项规划，100 万城市人口以下城市应在 2011 年年底前编制完成城市停车设施专项规划。

## 四、加快制订建设项目停车设施配建标准

从源头上加强城市停车设施配置。结合城市自身的发展条件和趋势，兼顾当前、立足长远、因地制宜地组织研究制订地方性城市建设项目停车设施配建标准。根据各类建设项目的性质和停车需求，以及城市停车总体发展策略，合理确定停车设施配建指标。各地要根据城市发展和城市交通变化情况，对停车设施配建标准适时进行调整。

## 五、科学合理建设城市停车设施

城市规划管理部门在开展建设项目的规划审批管理时，加强新建大型建设项目交通影响评价，防止出现新的交通拥堵节点。按照停车配建标准合理配置停车设施，鼓励建设项目利用地下空间配建停车设施，按配建标准建设的地下停车场面积，不纳入容积率计算范围。加强对建设项目配建停车设施建设使用情况的监督检查，禁止配建停车设施挪作他用。

城市停车设施建设要加强与园林绿化、城市景观等人居环境的协调，不能占用城市绿化用地。对既有小区要采取有效措施，在城市园林绿化主管部门的指导下，优化小区绿化模式，推广应用绿化与停车相兼容的方法和技术。

城市公共停车设施是城市市政公用基础设施，要完善公共停车设施规划建设的用地供给、资金支持和政策扶持等保障机制及措施，其建设应列入政府年度计划。各地要加大路外公共停车设施建设力度，积极推动地下停车场建设，以及立体停车和机械式停车设施建设。各地应采取优惠政策，鼓励社会投资建设各种类型的路外公共停车场，实现投资主体多元化。

各城市应结合公共交通系统建设，在城市中心区外围规划建设与公共交通枢纽相匹配的停车设施，形成完善的停车换乘系统，引导驾车者换乘公共交通进入城市中心区，减少城市中心区道路交通压力。鼓励社会单位开放内部停车场，实行错

时停车,为周边居民提供停车服务。在规划和建设停车设施时,要充分考虑电动汽车等新能源汽车普及和推广的需要,建设、改造或预留充电等相关配套设施,以适应新能源汽车发展要求。

## 六、切实加强占用道路停车管理

为缓解停车设施不足的矛盾,在统筹考虑城市道路等级及功能、地上杆线及地下管线、车辆及行人交通流量组织疏导能力等情况下,可适当设置限时停车、夜间停车等分时段临时占用道路的停车位。在路外停车位比较充裕的区域,不得占用道路设置路内停车位。

要依法加强对占用道路停车位设置和使用情况的监督检查,运用法律、行政和经济手段严格管理,充分发挥现有道路设施功能,提高道路服务水平,保障道路安全和畅通。

## 七、完善公共停车场停车价格形成机制

各地要按照科学配置资源、合理调控需求、规范管理收益的总体要求,在综合考虑资源占用成本、交通结构调控成本、设施建设成本和经营管理成本等因素基础上,完善公共停车场价格形成机制,制定停车价格定价和调整办法,严格规范停车收费管理。

鼓励采取差别化费率调控停车需求和停车资源,实行从城市中心区向城市外围由高到低的停车级差价格,强化停车需求调控管理;对于同一地区公共停车设施,停车价格采取路内高于路外、地上高于地下、室外高于室内的定价原则,同时建立不同类型停车场收入调节机制,引导停车资源合理使用;应根据占用停车资源的差别,合理确定不同车型、不同停放时间的停车费率。

## 八、规范城市停车行业管理

各地要对城市专业停车服务经营单位实行特许经营管理制度,制定市场准入和退出标准,公开、公平、公正地择优选择停车服务经营单位。要引导建立行业协会,建立行业服务评价制度,加强行业自律,采取多种方式加大对停车服务经营单位的监管力度。采取优惠政策,促进停车产业化发展。

城市停车服务经营单位要严格遵守有关法律、法规和规章，建立健全内部经营管理制度、收费制度和服务规范。要加强对停车服务人员的职业道德教育和服务技能培训，不断提高停车服务水平。所经营的停车场应具有完备的停车设施，配置完善的安全监控设施，设置符合国家相关标准规范的标志、标线。

## 九、大力推动停车设施新技术应用

要积极依靠科技进步，结合实际需求推广占地少、成本低、见效快的机械式停车设施建设，加大停车新技术的推广应用，提高土地使用效率。按照方便使用、注重引导、人性化服务的要求，加快建设完善的城市停车设施标识系统。

要充分利用现有资源，结合数字化城管系统、城市交通信息系统建设，积极建设城市停车信息服务平台，整合停车资源。大力建设城市停车信息诱导系统，鼓励采用现代信息技术、通信技术等为公众提供停车信息服务，推广停车预约服务和电子缴费技术，提高停车设施的利用率。

## 十、加强依法管理和监督检查

根据《城乡规划法》、《道路交通安全法》及相关法律法规规定，有关部门要加强对城市停车设施规划、建设及管理工作实行监督检查。对违反规定的，坚决予以纠正，并根据有关规定给予处罚；对发现已经投入使用的停车场存在交通安全隐患或者影响交通的，应当及时向当地人民政府报告，并提出防范交通事故、消除隐患和撤销、改建停车场的建议。

要从促进城市科学发展、促进社会和谐发展的高度，切实加强对城市停车设施规划建设及管理工作的指导。各地要从深化改革、扩大内需、调整产业结构的高度，认真贯彻落实本指导意见提出的各项政策措施，及时妥善处理好遇到的各种问题，确保城市停车设施规划建设及管理工作顺利开展。

中华人民共和国住房和城乡建设部

中华人民共和国公安部

中华人民共和国国家发展和改革委员会

二〇一〇年五月十九日

# 国家发展改革委办公厅关于印发《城市停车场建设专项债券发行指引》的通知

(发改办财金〔2015〕818 号)

各省、自治区、直辖市及计划单列市、新疆生产建设兵团发展改革委:

为加大债券融资方式对信息电网油气等重大网络工程、健康与养老服务、生态环保、清洁能源、粮食和水利、交通、油气及矿产资源保障工程等七大类重大投资工程包,以及信息消费、绿色消费、住房消费、旅游休闲消费、教育文体消费和养老健康消费等六大领域消费工程的支持力度,拉动重点领域投资和消费需求增长,现将我委制定的《城市停车场建设专项债券发行指引》印发你们,请在企业债券预审工作中认真贯彻执行。

附件:《城市停车场建设专项债券发行指引》

为缓解我国城市普遍存在的因停车需求爆发式增长而导致的停车难问题,加大企业债券融资方式对城市停车场建设及运营的支持力度,引导和鼓励社会投入,制定本指引。

一、鼓励企业发行债券专项用于城市停车场建设项目,在相关手续齐备、偿债措施完善的基础上,比照我委"加快和简化审核类"债券审核程序,提高审核效率。

二、在偿债保障措施较为完善的基础上,企业申请发行城市停车场建设专项债券,可适当放宽企业债券现行审核政策及《关于全面加强企业债券风险防范的若干意见》中规定的部分准入条件。

(一)发行城市停车场建设专项债券的城投类企业不受发债指标限制。

(二)债券募集资金可用于房地产开发、城市基础设施建设项目(以下简称"主体项目")中配套建设的城市停车场项目,具体投资规模可由主体项目审批部门根据主体项目可行性研究报告内容出具专项意见核定。

(三)募集资金占城市停车场项目总投资比例由不超过 60% 放宽至不超过 70%。

（四）将城投类企业和一般生产经营性企业需提供担保措施的资产负债率要求分别放宽至70%和75%；主体评级AAA的，资产负债率要求进一步放宽至75%和80%。

（五）不受“地方政府所属城投企业已发行未偿付的企业债券、中期票据余额与地方政府当年GDP的比值超过8%的，其所属城投企业发债应严格控制”的限制。

（六）城投类企业不受“单次发债规模，原则上不超过所属地方政府上年本级公共财政预算收入”的限制。

三、发债募集资金用于按照“政府出地、市场出资”公私合作模式（PPP）建设的城市停车场项目的，应提供当地政府和相关部门批准同意的城市停车场建设专项规划、实施方案、特许经营方案、资金补助协议，同时应明确项目所用土地的权属和性质。

四、鼓励地方政府综合运用预算内资金、城市基础设施建设专项资金，通过投资补助、基金注资、担保补贴、贷款贴息等多种方式，支持城市停车场建设专项债券发行。地方价格部门应及时制定和完善停车场收费价格政策，保护城市停车场的合理盈利空间。

五、优化城市停车场建设项目品种方案设计。一是可根据项目资金回流的具体情况科学设计债券发行方案，支持合理灵活设置债券期限、选择权及还本付息方式。二是积极探索停车设施产权、专项经营权、预期收益质押担保等形式。三是鼓励发债用于委托经营或转让—经营—转让（TOT）等方式，收购已建成的停车场统一经营管理。

六、鼓励城市停车场建设项目采取“债贷组合”增信方式，由商业银行进行债券和贷款统筹管理。“债贷组合”是按照“融资统一规划、债贷统一授信、动态长效监控、全程风险管理”的模式，由银行为企业制定系统性融资规划，根据项目建设融资需求，将企业债券和贷款统一纳入银行综合授信管理体系，对企业债务融资实施全程管理。

七、积极开展债券品种创新，对于具有稳定偿债资金来源的停车场建设项目，可按照融资—投资建设—回收资金封闭运行的模式，开展项目收益债券试点。

国家发展改革委办公厅

2015年4月7日

# 国家发展改革委、财政部、国土资源部、住房城乡建设部、交通运输部、公安部、银监会关于加强城市停车设施建设的指导意见

(发改基础〔2015〕1788号)

各省、自治区、直辖市及计划单列市、新疆生产建设兵团发展改革委、财政厅,国土资源厅,住房城乡建设厅(委)、规划委(局)、交通运输厅(委)、公安厅(局):

随着城镇化的快速发展,居民生活水平不断提升,城市小汽车保有量大幅提高,停车设施供给不足问题日益凸显,挤占非机动车道等公共资源,影响交通通行,制约了城市进一步提升品质和管理服务水平。吸引社会资本、推进停车产业化是解决城市停车难问题的重要途径,也是当前改革创新、稳定经济增长的重要举措。为此,特制定本指导意见。

一、总体思路。立足城市交通发展战略,统筹动态交通与静态交通,着眼当前、惠及长远,将停车管理作为交通需求管理的重要手段,适度满足居住区基本停车和从严控制出行停车,以停车产业化为导向,在城市规划、土地供应、金融服务、收费价格、运营管理等方面加大改革力度和政策创新,营造良好的市场化环境,充分调动社会资本积极性,加快推进停车设施建设,有效缓解停车供给不足,加强运营管理,实现停车规范有序,改善城市环境。

二、基本原则。坚持市场运作,通过政府规划引导、政策支持,按照市场化经营要求,以企业为主体加快推进停车产业化;坚持改革创新,完善管理体制机制,探索多种合作模式,有效吸引社会资本;坚持集约挖潜,鼓励既有停车资源的开放共享,有效利用、充分发掘城市地上和地下空间资源,建设立体停车设施;坚持建管同步,完善路内停车泊位管理,提升停车信息化水平,加强违法行为治理。

三、科学编制规划。各地依据城市总体规划和综合交通体系规划,以配建停车为主体、路外公共停车为辅助、路内停车为补充,采用差别化的停车供给策略,修订城市建筑物配建停车泊位标准,组织编制停车设施专项规划,并及时纳入城市用地

控制性详细规划，做好用地管控。规划需统筹城市功能分区的区位特征、用地属性、公共交通发展等状况，合理测算停车需求，明确阶段性适应目标，优化设施布局，制定近期实施方案，建立项目库，并及时公布。

四、明确建设重点。以居住区、大型综合交通枢纽、城市轨道交通外围站点（P+R）、医院、学校、旅游景区等特殊地区为重点，在内部通过挖潜及改造建设停车设施，并在有条件的周边区域增建公共停车设施。鼓励建设停车楼、地下停车场、机械式立体停车库等集约化的停车设施，并按照一定比例配建电动汽车充电设施，与主体工程同步建设。

五、鼓励社会参与。通过各种形式广泛吸引社会资本投资建设城市停车设施，大力推广政府和社会资本合作（PPP）模式；鼓励企事业单位、居民小区及个人利用自有土地、地上地下空间建设停车场，允许对外开放并取得相应收益。

六、放宽市场准入。各地相关部门完善市场准入制度，降低停车设施建设运营主体和投资规模的准入标准。企业和个人均可申请投资建设公共停车场，原则上不对泊位数量做下限要求。改革停车设施投资建设、运营管理模式，消除社会参与的既有障碍。

七、简化审批程序。各城市相关部门要深化行政审批制度改革、简政放权、转变职能、主动服务，简化投资建设、经营手续办理程序，提高工作效率，按照规定办理时限和程序完成项目业主或投资主体提出的停车设施建设项目的审批（或核准）；对于小型或利用自有土地建设的停车场，鼓励实行备案制。各地最大程度地减免停车设施建设运营过程中涉及的行政事业性收费。

八、加强公共用地保障。各地做好用地保障，中心城区功能搬迁等腾出的土地应规划一定比例预留用于停车设施建设；符合《划拨用地目录》的，可以划拨方式供地；不符合《划拨用地目录》、同一地块上只有一个意向用地者的，可以协议出让方式供地。

九、盘活存量土地资源。对企事业单位、居民小区、个人利用自有出让土地建设停车设施，规划部门要充分考虑停车需求的合理性，办理用地性质和容积率等规划调整手续。鼓励利用公共设施地上地下空间、人防工程等地下空间建设停车设施，增强土地的复合利用。相关部门分层办理规划和土地手续，投资建设主体依据相关规定取得停车设施的产权。

十、创新投融资模式。利用公共资源建设停车设施,鼓励采用政府和社会资本合作(PPP)模式,政府投入公共资源产权,与社会资本共同开发建设,采用放弃一定时期的收益权等形式保障社会资本的收益;允许在不改变土地用途和使用权人的前提下将部分建筑面积用作便民商业服务设施,收益用于弥补停车设施建设和运营资金不足。

十一、加大金融支持力度。加快推动投资主体发行停车场建设专项债券;研究设立引导停车设施建设专项产业投资基金;充分发挥开发性金融作用,鼓励金融机构、融资租赁企业创新金融产品和融资模式提供支持。

十二、完善停车收费政策。充分发挥价格杠杆的作用,逐步缩小政府定价范围,全面放开社会资本全额投资新建停车设施收费。对政府和社会资本合作建设停车设施,要统筹考虑财政投入、社会承受能力等因素,遵循市场规律和合理盈利原则,由投资者按照双方协议确定收费标准。对于路内停车等纳入政府定价范围的停车设施,健全政府定价规则,根据区位、设施条件等推行差别化停车收费。

十三、提升装备制造水平。支持国内停车装备制造企业自主创新,鼓励行业联盟等形式开展技术研发,逐步提升核心装备国产化水平;将停车产业纳入高端装备制造业清单,给予相关政策优惠,打造自主装备品牌;将停车装备制造企业产品质量、售后服务等纳入企业诚信体系,及时记录不良经营行为;积极引导自主品牌走出去,实现停车产业优势产能输出。

十四、推动停车智能化信息化。各地加快对城市停车资源状况摸底调查,建立停车基础数据库,实时更新数据,并对外开放共享;促进咪表停车系统、智能停车诱导系统、自动识别车牌系统等高新技术的开发与应用;加强不同停车管理信息系统的互联互通、信息共享,促进停车与互联网融合发展,支持移动终端互联网停车应用的开发与推广,鼓励出行前进行停车查询、预订车位,实现自动计费支付等功能,提高停车资源利用效率,减少因寻找停车泊位诱发的交通需求。

十五、加强停车综合治理。各地同步完善停车场周边市政公用设施和停车引导设施;新建或改扩建公共停车场建成营业后,减少并逐步取消周边路内停车泊位,加强违法停车治理,保障公共停车场有效需求,提高收益水平;确保路内等政府停车资源委托经营的公开透明,将收入的一定比例专项用于停车场建设;严格监管停车服务和收费行为,严厉打击无照经营、随意圈地收费等违规经营行为。

十六、加强组织保障。城市人民政府是停车设施规划建设、运营管理的责任主体，要高度重视，鼓励成立专门的停车管理机构，明确部门责任分工，抓好贯彻落实。国务院相关部委结合自身职责，研究出台相应支持政策，加强联动，共同推动停车设施建设管理，保障经济平稳健康发展、人民生活水平持续快速提高。

国家发展改革委
财政部
国土资源部
住房城乡建设部
交通运输部
公安部
银监会
2015 年 8 月 3 日

# 住房城乡建设部关于加强城市停车设施管理的通知

(建城〔2015〕141号)

各省、自治区住房城乡建设厅,各直辖市建委、规划委(局)、交通委、市政委:

目前,城市停车设施“重建设、轻管理”问题突出,有限的城市停车设施得不到高效使用;停车秩序混乱,城市道路、居住区停车乱的问题尤其突出,严重影响城市交通和居民生产生活。为切实加强城市停车管理,改善城市停车环境,缓解城市交通拥堵,现就有关事项通知如下:

## 一、总体要求

坚持“建管并重”,在加快城市停车设施建设的同时,加大管理力度,提高停车设施使用效率,规范停车秩序。处理好政府与市场的关系,合理划分政府与市场边界,从标准、规范入手,加强停车设施规划、建设、经营全过程、全周期的行业管理,提高管理水平和效率;重点加强路内停车管理和居住区停车管理,开展综合整治,营造宜居有序的停车环境。力争在3~5年内,通过加强城市停车设施建设和管理,缓解停车设施供需矛盾,不断改善停车环境,努力形成规范有序、安全便利、协调发展的城市停车管理格局。

## 二、加强停车设施规划建设管理

### (一)强化规划编制

按照“先规划、后建设”的原则,加强城市停车设施专项规划编制。建立城市停车设施专项规划编制机制,推动停车设施合理布局。近期,应结合实际,对交通拥堵特别严重、停车问题特别突出的地区,尽快组织编制区域或片区停车设施规划。

城市停车设施专项规划应当符合《城市停车设施规划导则》,并与城市总体规划、城市综合交通体系规划以及其他专项规划相协调。规划编制的同时,应对建设项目停车配建标准实施情况进行评估,并适时调整,调整后的停车配建标准应及时向社会公布。编制城市总体规划和城市控制性详细规划时，应同步明确停车设施规划建设要求。

**（二）严格建设管理**

建筑物新建、改建、扩建时，必须在场地规划和建筑设计时，按照规划设计条件和配建标准，确定配建停车设施的规模、布局、建设形式等。不符合规划设计条件和配建标准的，不予核发《建设工程规划许可证》。

建筑物配建停车设施应当与主体工程同时设计、施工、验收和投入使用。建设工程竣工后，城市规划行政主管部门要依据规划设计条件和配建标准，对停车设施建设情况进行规划核实，不符合规划、不满足配建标准和有关工程建设标准的，有关部门不得通过竣工验收。

城市停车行业主管部门要加强停车设施建成后的使用监管，对未经批准、挪作他用的配建停车设施应限期整改、恢复停车功能。

城市停车设施建设应根据有关标准和要求配建电动汽车充电设施，满足电动汽车推广使用要求。因地制宜提高生态停车场建设比例，探索新型停车设施建设模式。

## 三、加强停车设施经营管理

**（一）推行专业化经营**

促进各类经营性停车设施企业化、专业化经营。坚持市场化原则，鼓励路内停车泊位和政府投资建设的公共停车场实行特许经营，通过招标等方式，公开选择经营主体，将已经建成的停车设施项目转交社会资本运营管理。鼓励住宅配建、公建配建停车设施委托停车管理企业进行专业化管理。

培育专业化、规模化停车管理企业。允许企业跨地区、跨行业参与城市停车设施经营。鼓励城市停车管理企业连锁经营、规模化经营，提升服务，壮大规模，创立品牌。

**（二）加强运营服务监管**

加快研究制订停车场管理规定或停车设施运营服务规范，明确经营主体的市场准入条件，确定经营管理服务内容和要求，规范经营单位、工作人员服务行为，保障停车设施使用者和停车设施经营者的合法权益。在市场准入方面，原则上应降低停车设施运营主体和投资规模的准入条件,简化审批程序,消除社会参与障碍。

充分发挥行业协会的作用,加强从业人员服务技能培训及行业自律,提高行业从业人员的综合素质。总结、交流国内外城市停车设施发展的经验,推广行业新技术、新理念,提高行业规划建设管理水平。

## 四、促进信息化、智能化管理

### (一)提高信息化水平

要尽快组织开展停车设施普查,摸清各类城市停车设施分布和使用情况,建立城市停车泊位信息数据库和停车服务、管理信息系统,提升停车设施管理标准化、信息化、精细化水平。建立停车设施信息系统动态更新机制,对新增或调整的停车泊位进行动态更新。

### (二)提高智能化服务水平

推广使用电子标签、电子收费技术,建设智能停车诱导系统,向驾驶员提供停车设施使用状况等,提高停车设施使用效率,并减少因寻找停车泊位诱发的交通需求。近期,城市停车行业主管部门可在中央商务区、重点商业地区等停车需求较大的地区,试点建设停车诱导系统,并逐步推广。

促进车辆号牌自动识别、停车位占用状态识别等智能技术的开发与应用。充分利用现代互联网技术,促进停车与互联网融合发展,支持移动终端互联网停车应用的开发与推广,鼓励居民通过手机等移动通信工具,查询、预约车位以及进行付费。

## 五、严格路内停车泊位管理

### (一)合理施划

为缓解停车设施不足的矛盾,在统筹考虑城市道路等级及功能、地上杆线及地下管线、车辆及行人交通流量组织疏导能力等情况下,可适当设置限时停车、夜间停车等分时段临时路内停车位,明确临时路内停车服务对象和设置时限。在路外停车位比较充裕的区域,不得占用道路设置路内停车位。

将路内停车泊位信息纳入政府信息公开内容,及时向社会公布停车泊位信息,包括停车泊位的位置、准停时段、收费标准等,建立统一的路内停车标志、标识系统。

**（二）完善收费政策**

路内停车原则上实施收费管理，路内停车泊位的价格属于政府定价范围，要健全政府定价规则，根据区位、设施条件等推行差别化停车收费。实行从城市中心区向城市外围由高到低的停车级差价格，利用价格杠杆引导形成中心区域高于外围区域、交通拥堵严重地区高于普通地区的需求调控格局。

## 六、规范居住区停车管理

**（一）明确居住区停车管理责任**

充分发挥社区居民自治管理的作用，提高居民在居住区停车设施设置、改造和管理等方面的参与度。加强对居住小区停车设施的管理，已经成立业主大会和业主委员会的居住小区，由业主大会或业主委员会负责组织小区内停车设施的管理工作；未成立业主大会和业主委员会的居住小区，可暂由社区居委会负责组织。

**（二）改善居住区停车秩序**

加快完善居住区停车泊位的标线施划，设置停车指引标志，配备收费、计时、监控、诱导装置等管理设施，引导居民规范有序停车，维护居住区停车秩序。居住区停车管理单位应建立长效管理机制，定期对停车标志标线和相关管理设施进行维护。

规范居住区停车收费行为，委托停车服务企业或物业服务企业提供停车管理服务并收费的，收费价格严格按照停车服务合同的约定执行。

**（三）鼓励错时共享停车**

鼓励并引导政府机关、公共机构和企事业单位的内部停车场对外开放，盘活存量停车资源。推行错时停车，鼓励有条件的居住区与周边商业办公类建筑共享利用停车泊位。实行错时停车的，双方应在公平协商的基础上签订共享协议，公示泊位数量、停放区域、管理措施等信息。允许个人利用互联网信息技术，将个人所有停车设施错时、短时出租、出借，并取得相应收益。

## 七、开展重点地区停车综合治理

**（一）把握综合治理的重点**

城市停车行业主管部门要会同有关部门，针对群众反映强烈、停车供需矛盾突出的重点区域开展停车综合治理。综合治理要以规范停车秩序、缓解城市交通拥堵、改善人居环境为指导思想,针对城市停车的主要问题,制定综合治理工作方案,明确部门职责,明确治理目标和具体措施。

近期,各地应尽快组织开展路内停车和居住区停车综合治理。

**(二)违法停车综合治理**

城市停车行业主管部门要积极会同相关执法部门,建立完善工作制度和机制,形成合力,以停车入位为目标,加强对违法停车的执法力度,对影响公共安全和造成道路交通严重拥堵的违法停车行为,进一步加大查处力度。针对违法占用人行道、自行车道的停车行为组织专项治理,将违法、违章停车情况突出的区域、路段列为治理重点,努力维护城市道路停车秩序。对道路停车拒付费、超出规定时间停车等行为进行纠正。

加强机动车驾驶员的教育管理,提高驾驶员的综合素质和入场停车的意识,做到依法停车、合规停车,自觉维护良好的停车秩序。研究实施违法停车取证权外判制度,赋予特许经营者等取证权利,利用多方力量协助执法部门开展工作。

**(三)居住区停车综合治理**

以整顿停车秩序和消除安全隐患为重点,开展居住区停车治理。禁止任何单位或个人擅自在未取得所有权的停车位上设置地桩地锁。停车服务企业或物业服务企业要进一步加强秩序管理,配合有关部门清理私设地桩地锁、占用人行道和消防通道停车等现象,切实维护停车秩序。居住区停车综合治理工作,可结合老旧居住区有机更新,同步进行。

城市停车行业主管部门要与相关部门加强协调和配合,切实履行职责,认真贯彻落实本通知提出的各项政策措施,做好停车管理与规划建设的统筹。省、自治区住房城乡建设主管部门要加大监督、指导和协调力度,保障城市停车管理的规范有序。

住房和城乡建设部<br>2015 年 9 月 22 日

# 国家发展改革委、住房和城乡建设部、交通运输部关于进一步完善机动车停放服务收费政策的指导意见

（发改价格〔2015〕2975号）

各省、自治区、直辖市及计划单列市发展改革委、物价局，住房和城乡建设厅、建委，交通运输厅（局、委）：

随着我国经济社会发展和人民生活水平提高，机动车保有量快速增长，停车设施总量不足、资源配置效率不高等问题日益显现，"停车难"和城市交通拥堵矛盾日渐加剧，制约了人居环境改善和城市可持续发展。根据《中共中央国务院关于推进价格机制改革的若干意见》（中发〔2015〕28号），为进一步完善机动车停放服务收费形成机制，充分发挥价格杠杆作用，促进停车设施建设，提高停车资源配置效率，推动停车产业优化升级，特制定本意见。

## 一、指导思想和基本原则

（一）指导思想。全面贯彻党的十八大和十八届三中、四中、五中全会精神，围绕使市场在资源配置中起决定性作用和更好发挥政府作用，建立完善主要由市场决定价格的机动车停放服务收费形成机制，逐步缩小政府定价管理范围，进一步健全政府定价规则，加强市场价格监管，积极发挥价格杠杆对供需关系的调节作用，促进停车设施建设，提高停车资源利用效率，为完善城市功能、便利群众生活营造良好环境。

（二）基本原则。坚持市场取向，依法放开具备竞争条件的停车设施服务收费，逐步缩小政府定价管理范围，鼓励引导社会资本建设停车设施。坚持改革创新，改进政府定价规则和办法，充分发挥价格杠杆作用，合理调控停车需求。坚持放管结合，强化事中事后监管，规范停车服务和收费行为，维护市场正常秩序。

## 二、健全主要由市场决定价格的停车服务收费形成机制

（三）社会资本全额投资新建停车设施服务收费标准由经营者依法自主制定。

除各级人民政府财政性资金、城市建设投资(交通投资)公司投资以外,对其他经济组织(以下简称社会资本)全额投资新建的停车设施,由经营者依据价格法律法规和相关规定,根据市场供求和竞争状况自主制定收费标准。

(四)创新政府与社会资本合作建设停车设施服务收费管理方式。对政府与社会资本合作(PPP)建设停车设施,要通过招标、竞争性谈判等竞争方式选择社会投资者。具体收费标准由政府出资方与社会投资者遵循市场规律和合理盈利原则,统筹考虑建设运营成本、市场需求、经营期限、用户承受能力、政府财力投入、土地综合开发利用等因素协议确定。要建立政府与社会资本共享收益、共担风险的收费标准调整与财政投入协调机制,依据相关法律法规规定和成本、供求变动等因素,及时调整收费标准。

## 三、推进政府定价管理制度化科学化

(五)规范政府定价行为。对具有自然垄断经营和公益性特征的停车设施服务收费,需要实行政府定价管理的,要纳入地方定价目录,明确管理权限,规范定价办法和程序,有效约束政府定价行为。对纳入政府定价管理范围的停车设施服务,要综合考虑停车设施等级、地理位置、服务条件、供求关系及社会各方面承受能力等因素确定收费标准。要通过政府网站公布本行政区域范围内实行政府定价管理的停车设施名称、收费标准、收费依据等信息。

(六)加快推行差别化收费。鼓励各地结合实际情况,推行不同区域、不同位置、不同车型、不同时段停车服务差别收费,抑制不合理停车需求,缓解城市交通拥堵,有效促进公共交通优先发展与公共道路资源利用。

对不同区域的停车设施服务收费,要根据停车供需状况差异,并考虑道路路网分布、公共交通发展水平、交通拥堵状况等因素,划分不同区域,实行级差收费。供需缺口大、矛盾突出区域可实行较高收费,供需缺口小、矛盾不突出区域可实行低收费。对城市外围的公共交通换乘枢纽停车设施服务,应当实行低收费。

同一区域停车设施,区分停车设施所在位置、停车时段、车辆类型等,按照“路内高于路外、拥堵时段高于空闲时段”的原则,制定差别化服务收费标准。适当扩大路内、路外停车设施之间的收费标准差距,引导更多使用路外停车设施。对交通场站等场所及周边配套停车设施服务,鼓励推行超过一定停放时间累进式加价的阶梯式收费。要根据不同车型占用停车资源的差别，合理确定停放服务收费标准。鼓励对新能源汽车停车服务收费给予适当优惠。要合理制定停车服务收费计时办法，逐步缩小计费单位时长，加快推行电子缴费技术，鼓励对短时停车实行收费优惠。

## 四、规范停车服务收费行为

（七）严格落实明码标价规定。停车设施经营者要严格落实明码标价制度，在经营场所显著位置设置统一标价牌，标明停放服务收费定价主体、收费标准、计费办法、收费依据、投诉举报电话等，广泛接受社会监督。

（八）健全市场价格行为规则。要加强停车服务收费市场行为监管，对交易双方地位不对等的，要通过指导双方制定议价规则、发布价格行为指南等方式，合理引导经营者价格行为，维护市场正常价格秩序。

（九）严厉查处价格违法行为。加强对停车服务收费的监督检查，依法查处不执行政府定价政策，利用优势地位、服务捆绑等强制服务强行收费、只收费不服务、少服务多收费，不执行明码标价规定，不出具和使用规定收费票据，在标价之外收取未予标明的费用等违法违规价格行为，保护消费者合法权益。

## 五、健全配套监管措施

（十）强化机动车停放服务管理。加强停车服务行业管理，制定完善服务标准和服务规范。充分发挥行业协会作用，依法制定机动车停放服务行为自律规范，引导停车设施经营者合法诚信经营，加强内部管理，自觉规范服务行为，提升停车服务质量。加强对停车设施经营者服务行为的监管，严厉打击无照经营、随意圈地收费等违规经营行为。

（十一）加强诚信体系建设。建立城市停车设施经营者、从业人员信用记录，纳入全国统一的信用信息共享交换平台，并按规定及时在“信用中国”网站上予以公开，对失信行为实施跨部门联合惩戒，逐步建立以诚信为核心的监管机制。

（十二）推进收支信息公开。对向停车泊位收取的城市占道费、经营权有偿使用费等，收取单位要公开相关收支信息，主动接受社会监督。对公益性停车服务设施，要积极研究探索由经营者通过网站等渠道公布收入、资金使用等信息的办法。

各地要高度重视完善机动车停放服务收费政策工作,切实加强组织领导,建立健全工作机制,明确部门职责分工,结合地方定价目录和当地实际情况,抓紧制定、完善本地区机动车停放服务收费管理办法,细化落实各项政策措施。城市人民政府是停车设施规划、建设、管理的责任主体,要科学编制停车设施专项规划,加大政策扶持力度,加快推进停车设施建设,提升停车信息化管理和停车装备制造水平,加强停车综合治理,促进停车产业健康发展。各级价格、住房和城乡建设、交通运输部门要按照各自职责,加强市场监管,建立协同监管机制,形成多层次、全覆盖的监管网络,全面提升监管工作实效。原国家计委下发的《关于印发〈机动车停放服务收费管理办法〉的通知》(计价格〔2000〕933 号)自本意见印发之日起废止。

国家发展改革委<br>住房和城乡建设部<br>交通运输部<br>2015 年 12 月 15 日

# 住房城乡建设部、国土资源部关于进一步完善城市停车场规划建设及用地政策的通知

（建城〔2016〕193号）

各省、自治区住房城乡建设厅、国土资源厅，北京市住房城乡建设委、规划国土委、交通委，天津市建委、规划局、国土房管局，上海市住房城乡建设委、规划国土局、交通委，重庆市建委、市政委、规划局、国土房管局：

为贯彻落实《中共中央国务院关于进一步加强城市规划建设管理工作的若干意见》和《节约集约利用土地规定》等文件要求，合理配置停车设施，提高空间利用效率，促进土地节约集约利用；充分挖潜利用地上地下空间，推进建设用地的多功能立体开发和复合利用；鼓励社会资本参与，加快城市停车场建设，逐步缓解停车难问题。现将有关事项通知如下：

## 一、强化城市停车设施专项规划调控

（一）科学编制城市停车设施专项规划。依据土地利用总体规划、城市总体规划和城市综合交通体系规划，城市停车行业主管部门要会同规划部门编制城市停车设施专项规划（以下简称专项规划），合理布局停车设施。专项规划应符合《城市停车规划规范》《城市停车设施规划导则》、充电基础设施建设等相关要求。编制专项规划同时，应对建设项目停车配建标准实施情况进行评估，并适时调整，调整后的停车配建标准应及时向社会公布。

（二）专项规划要突出重点。专项规划应坚持设施差别化供给原则，按照城市中不同区域的功能要求和城市综合交通发展策略，合理确定停车设施规模。对于老旧居住区等停车设施供需矛盾突出的重点区域，应结合片区停车综合改善方案，合理确定停车方式和停车规模；对于公共交通发达地区，应合理控制停车设施建设规模。

（三）分层规划停车设施。可充分结合城市地下空间规划，利用地下空间分层

规划停车设施,在城市道路、广场、学校操场、公园绿地以及公交场站、垃圾站等公共设施地下布局公共停车场,以促进城市建设用地复合利用。

(四)严格实施专项规划。经依法批准的专项规划中有关要求应及时纳入控制性详细规划,并作为城市停车场建设和管理的依据,严格执行。城市新建建筑配建停车设施应符合相应的停车配建标准。

## 二、加强停车场建设项目的规划管理

(五)明确停车场用地性质。单独新建公共停车场用地规划性质为社会停车场用地。为鼓励停车产业化,在不改变用地性质、不减少停车泊位的前提下允许配建一定比例的附属商业面积,具体比例由属地城市政府确定,原则上不超过20%。通过分层规划,利用地下空间建设公共停车场的,地块用地规划性质为相应地块性质兼容社会停车场用地。

(六)鼓励超配建停车场。新建建筑超过停车配建标准建设停车场以及随新建项目同步建设并向社会开放的公共停车场(地下停车库和地上停车楼,配建附属商业除外),在规划审批时可根据总建筑面积、超配建的停车泊位建筑面积、公共停车场建筑面积等情况,给予一定的容积率奖励,具体规定由城市政府规划部门根据实际情况研究制定。其中,停车楼项目应符合日照、绿化、消防等相关标准。

(七)鼓励增建公共停车场。在符合土地利用总体规划和城市总体规划前提下,机关事业单位、各类企业利用自有建设用地增建公共停车场可不改变现有用地性质及规划用地性质。增建方式包括利用自有建设用地地下空间、既有建筑屋顶、拆除部分既有建筑新建、既有平面停车场改加建等,在符合日照、消防、绿化、环保、安全等要求的前提下增建后地块的建筑高度、建筑密度等指标可由城市政府有关部门按照程序依法进行调整。

(八)明确公共停车场规划审批条件。地下空间单独出让建设公共停车场的,项目出让规划条件应明确用地红线范围、公共停车场建筑面积等,有需要配建附属商业的公共停车场,还应明确商业建筑面积。利用现有城市公园绿地地下空间建设公共停车场的,在报城市政府规划部门审批时,应征求园林绿化部门及有关部门的意见,并符合国家和地方有关规范。地下停车库顶板上覆土最小厚度要保证停车场工程质量和安全,并满足绿化种植相关要求,其具体规定以及地下停车库面积占公园绿地面积的最大比例等规定，由城市政府有关部门根据实际情况研究制定。与其他功能的建筑结合开发的公共停车场应设置独立区域、单独出入口、明确的标志和诱导系统。

（九）简化停车场建设规划审批。在满足结构、消防安全等条件下，既有其他功能建筑改建为停车场的，可简化规划审批流程。临时公共停车设施（含平面及机械设备安装类）由城市政府建设和规划等相关部门通过联席会议（或相关综合协调制度）进行审定，不需要办理相关审批手续。机械停车设备应当按相关规定进行验收。居住区利用自有建设用地设置机械设备类停车设施，还应取得业主委员会同意（没有业主委员会的，街道办事处或社区居委会等要征求居民意见），且满足日照、消防、绿化、环保、安全等要求。

## 三、规范停车设施用地管理

（十）依法确定停车场土地使用年期。停车场用地以出让方式供应的，建设用地使用权出让年限按最高不超过50年确定。工业、商住用地中配建停车场的，停车场用地出让最高期限不得超过50年。以租赁方式供应的，租赁年限在合同中约定，最长租赁期限不得超过同类用途土地出让最高年期。

（十一）规范编制停车场供地计划。停车场用地供应应当纳入国有建设用地供应计划。新建建筑物配建停车场以及利用公园绿地、学校操场等地下空间建设停车场的，其建设规模应一并纳入建设用地供应计划。闲置土地依法处置后由政府收回、规划用途符合要求的，可优先安排用于停车场用地，一并纳入国有建设用地供应计划。

（十二）细化停车场供地政策。符合《划拨用地目录》的停车场用地，可采取划拨方式供地，不符合的，应依法实行有偿使用。对新建独立占地的、经营性的公共停车场用地，同一宗用地公告后只有一个意向用地者的，可以协议方式供应土地。协议出让价不得低于按国家规定确定的最低价标准。供应工业、商业、旅游、娱乐、商品住宅等经营性用地配建停车场用地的，应当以招标、拍卖或者挂牌方式供地。标底或者底价不得低于国家规定的最低价标准。鼓励租赁供应停车场用地，各地可以制定出租或先租后让的鼓励政策和租金标准。城市公共交通停车场用地综合开发配建商服设施，采取划拨方式供地的，配建的商服等用地可按市场价有偿使用。出让土地建设公共停车场的,可根据城市公共停车场客观收益情况评估并合理确定出让地价。在城市道路、广场、公园绿地等公共设施下建设停车场,以出让等有偿方式供地的,可按地表出让建设用地使用权价格的一定比例确定出让底价。具体比例由市、县政府根据当地实际情况确定,并向社会公示。

(十三)鼓励盘活存量用地用于停车场建设。对营利性机构利用存量建设用地从事停车场建设,涉及划拨建设用地使用权出让(租赁)或转让的,在原土地用途符合规划相关标准规范的前提下,可不改变土地用途,允许补缴土地出让金(租金),办理协议出让或租赁手续。在符合规划相关标准规范的前提下,在已建成的住宅小区内增加停车设施建筑面积的,可不增收土地价款。

(十四)加大停车场建设中节地技术和节地模式的政策支持力度。各地要及时总结有利于节约集约用地的停车场建设技术和利用模式,对节地效果明显、有推广价值的节地模式和节地技术,在划拨和出让土地时,可将节地模式、节地技术作为供地条件,写入供地方案,合理评估出让底价,在供地计划、供地方式、供地价格、开发利用等方面体现政策支持,逐步建立和完善节约集约用地的激励机制。对新建建筑充分利用地下空间,超过停车配建标准建设地下停车场,并作为公共停车场向社会开放的超配部分,符合规划的,可不计收土地价款。

## 四、加强停车场规划建设和用地监管

(十五)规范办理停车场产权手续。停车场权利人可以依法向停车场所在地的不动产登记机构申请办理不动产登记手续,不动产登记机构要依据《不动产登记暂行条例》及其实施细则等法规规章政策,积极做好停车场登记发证服务工作。

(十六)规范停车场土地供后管理。市、县国土资源管理部门应当在核发划拨决定书、签订出让合同和租赁合同时,明确规定或者约定:停车场建设用地使用权可以整体转让和转租,不得分割转让和转租;不得改变规划确定的土地用途,改变用途用于住宅、商业等房地产开发的,由市、县国土资源管理部门依法收回建设用地使用权;以出让或者租赁方式取得停车场建设用地使用权的,可以设定抵押权。以划拨方式取得停车场建设用地使用权设定抵押的,应当约定划拨建设用地使用权不得单独设定抵押权,设定房地产抵押权的停车建设用地使用权以划拨方式取得的,应当从拍卖所得的价款中缴纳相当于应缴纳的土地使用权出让金的款额后,抵押权人方可优先受偿。划拨决定书、出让合同和租赁合同要及时上传土地市场动态监测监管系统。

（十七）加强城市停车场建成后的监管。不符合规划、不满足配建标准、充电基础设施和有关工程建设标准的，不得通过规划核实。城市停车行业主管部门要会同城市规划、国土资源部门，加强停车场建成后的使用监管，对未经批准、挪作他用的停车设施，应限期进行整改，并恢复停车功能。

（十八）加强停车场经营管理。坚持市场化原则，鼓励路内停车泊位和政府投资建设的公共停车场实行特许经营，通过招标等竞争性方式，公开选择经营主体。鼓励各类配建停车场委托停车管理企业进行专业化管理，促进各类经营性停车场企业化、专业化经营。同时，各地要尽快研究制订停车场管理规定或运营服务规范，加强停车场运营监管。

（十九）强化停车行业管理。停车场规划、建设、运营、管理工作涉及多个部门，各省（自治区）住房城乡建设厅作为本地区停车行业主管部门，要充分认识加强停车场规划建设的重要性，统筹协调有关部门完善有关政策、做好项目储备，并督促、指导各城市加快停车场规划建设。各城市建设行政主管部门要主动作为、牵头协调，尽快开展停车资源普查，完善有关政策措施，充分发挥规划调控作用，建立基础数据库和项目库，统筹各类停车场建设，加强停车场经营管理，切实抓好停车有关工作。

统筹地上地下空间开发，充分挖潜、高效利用土地资源，加快停车场规划建设，既有利于缓解停车难问题、营造城市宜居环境，又有利于促进土地节约集约利用、促进经济发展方式转变，符合创新、协调、绿色、开放、共享五大发展理念。各级住房城乡建设（规划）、国土资源部门要高度重视、各司其职、加强协调、形成合力，依据本通知的要求开展有关工作，进一步加快城市停车场规划建设，促进停车行业健康发展。

住房和城乡建设部

国土资源部

2016 年 8 月 31 日

# 住房和城乡建设部办公厅关于开展城市停车设施规划建设督查工作的通知

(建办城函〔2017〕495 号)

各省、自治区住房城乡建设厅,北京、天津、上海市建委、交委,重庆市建委、市政管委:

为贯彻落实《中共中央国务院关于进一步加强城市规划建设管理工作的若干意见》(以下简称《若干意见》),加快推进城市停车设施规划建设,逐步缓解停车难问题,切实改善城市交通环境,现就开展城市停车设施规划建设督查工作有关事项通知如下:

## 一、督查重点

本次督查指导的重点是各地落实《住房城乡建设部　国土资源部关于进一步完善城市停车场规划建设及用地政策的通知》(建城〔2016〕193 号)及《住房城乡建设部关于加强城市电动汽车充电设施规划建设工作的通知》(建规〔2015〕199 号)情况,包括以下内容:

(一)推进停车设施专项规划编制。城市停车设施专项规划编制并纳入城市控制性详细规划情况;合理测算停车需求,明确阶段目标,制定实施方案及落实情况。

(二)完善建筑物配建停车位标准。按照建筑物的性质、区位等属性,完善停车位配建标准情况;制定配建停车场、路外公共停车场及路内停车位统筹发展方案情况。

(三)加快建设停车设施。以居住区、大型综合交通枢纽、城市轨道交通外围站点、医院、学校、旅游景区等为重点地区,增建公共停车场情况;利用地上地下空间建设停车楼、地下停车场、机械式立体停车库等集约化停车设施情况。

(四)加强停车用地保障。制定建城〔2016〕193 号文件实施细则,加强停车设施用地保障,鼓励新建建筑超过停车配建标准建设停车场和增加建设公共停车场的政策,以及土地综合利用等情况。

(五)开展城市停车设施普查。组织开展城市停车设施基础数据普查工作情况;具体数据分析情况;建立停车设施基础数据库及对外开放共享情况。

(六)相关配套设施建设。城市电动汽车充电基础设施规划建设情况;居住(小)区改造建设停车场及建设充电设施情况;小微型客车租赁停车场地设置、公共停车场等为分时租赁车辆停放提供便利情况;自行车交通网络、互联网租赁自行车停车设施规划建设情况。

(七)建立工作联动机制。各相关部门建立工作联动机制情况;深化行政审批体制改革,简化停车场投资建设审批情况。

## 二、有关要求

(一)全面开展自查。各省级住房城乡建设主管部门按照督查重点内容组织开展自查,查找存在的问题。

(二)组织开展督查工作。我部将根据各地自查情况,于 2017 年 9 月,会同有关部门组织开展实地督查,并对有关工作进行指导。

住房和城乡建设部办公厅

2017 年 7 月 17 日

# 第三部分:智慧停车产业政策关键指标概览

(1)停车场分类及产权规定见附表4-2。

停车场分类及产权规定　　附表4-2

| 发文字号及颁布时间 | 政策关键指标 |
| --- | --- |
| 1989年1月1日　停车场建设和管理暂行规定 | 第三条　停车场是指供各种机动车和非机动车停放的露天或室内场所。<br>停车场分为专用停车场和公共停车场。专用停车场是指主要供本单位车辆停放的场所和私人停车场所;公共停车场是指主要为社会车辆提供服务的停车场所 |
| 《城市道路交通规划设计规范》(GB 50220—1995) | 公共停车场<br>为社会公众存放车辆而设置的免费或收费的停车场地,也称社会停车场 |
| 《城市道路路内停车泊位设置规范》(GA/T 850—2009) | 路内停车泊位<br>利用道路一侧或两侧设置的停车泊位 |
| 2001年11月20日　《城市地下空间开发利用管理规定》 | 第二十五条　地下工程应本着"谁投资、谁所有、谁受益、谁维护"的原则,允许建设单位对其投资开发建设的地下工程自营或者依法进行转让、租赁 |
| 2015年9月1日　《城市停车设施规划导则》(建城〔2015〕129号) | (1)本导则所指城市停车设施为社会性客车的停放设施,不包括公交车、出租车、货车等专业运输车辆、摩托车以及非机动车的停放设施。<br>(2)按停车设施的建设类型划分,可分为建筑物配建停车场、城市公共停车场、路内停车位三类。<br>①建筑物配建停车场是指建筑物依据建筑物配建停车位标准所附设的面向本建筑物使用者和公众服务的供机动车停放的停车场。<br>②城市公共停车场是指位于道路红线以外、面向公众服务的供机动车停放的停车场。<br>③路内停车位是指在道路红线以内划设的面向公众服务的供机动车停放的停车空间。<br>(3)根据停车泊位的使用特点,可分为基本车位和出行车位两类。<br>①基本车位是指满足车辆无出行时车辆长时间停放需求的相对固定停车位。<br>②出行车位是指满足车辆有出行时车辆临时停放需求的停车位 |

续上表

| 发文字号及颁布时间 | 政策关键指标 |
| --- | --- |
| 2015年9月22日　《城市停车设施建设指南》(建城〔2015〕142号) | 本指南适用于新建、扩建和改建的城市机动车停车设施,主要包括停车库、停车场、机械式停车库和路内停车泊位四种类型:<br>(1)停车库指停放机动车的建筑物。<br>(2)停车场指停放机动车的露天场所。<br>(3)机械式停车库指采用机械式停车设备存取、停放机动车的车库。<br>(4)路内停车泊位指利用道路一侧或两侧设置的机动车停车泊位。<br>停车设施中包括非机动车停车时,还需考虑非机动停车的要求。营运车辆和企业的停车场库的建设可参考本指南内容 |

(2)市场准入及主管部门见附表4-3。

**市场准入及与主管部门**　　附表4-3

| 发文字号及颁布时间 | 政策关键指标 |
| --- | --- |
| 2015年8月3日　《关于加强城市停车设施建设的指导意见》(发改基础〔2015〕1788号) | 放宽市场准入。各地相关部门完善市场准入制度,降低停车设施建设运营主体和投资规模的准入标准。企业和个人均可申请投资建设公共停车场,原则上不对泊位数量做下限要求。改革停车设施投资建设、运营管理模式,消除社会参与的既有障碍 |
| 2016年8月31日　《进一步完善城市停车场规划建设及用地政策的通知》(建城〔2016〕193号) | 规范办理停车场产权手续。停车场权利人可以依法向停车场所在地的不动产登记机构申请办理不动产登记手续,不动产登记机构要依据《不动产登记暂行条例》及其实施细则等法规规章政策,积极做好停车场登记发证服务工作 |
| 《国家发展改革委关于切实做好传统基础设施领域政府和社会资本合作有关工作的通知》(发改投资〔2016〕1744号) | 七、重大市政工程领域<br>采取特许经营方式建设的城市供水、供热、供气、污水垃圾处理、地下综合管廊、园区基础设施、道路桥梁以及公共停车场等项目 |
| 《关于在公共服务领域深入推进政府和社会资本合作工作的通知》(财金〔2016〕90号) | 财政部负责的公共服务领域包括能源、交通运输、市政工程、农业、林业、水利、环境保护、保障性安居工程、医疗卫生、养老、教育、科技、文化、体育、旅游等 |

(3)停车场建设审批程序见附表4-4。

**停车场建设审批程序** 附表4-4

| 发文字号及颁布时间 | 政策关键指标 |
| --- | --- |
| 1989年1月1日 停车场建设和管理暂行规定 | 第四条 停车场的建设,必须符合城市规划和保障道路交通安全畅通的要求,其规划设计须遵守《停车场规划设计规则》。停车场的设计方案(包括有关的主体工程设计方案),须经城市规划部门审核,并征得公安交通管理部门同意,方可办理施工手续,停车场竣工后,须经公安交通管理部门参加验收合格方可使用。<br>第七条 需要利用街道、公共广场作为临时停车场地的,应由公安交通管理部门会同规划部门统一规划,由公安交通管理部门统一管理 |
| 2011年4月22日 《中华人民共和国道路交通安全法》 | 第二十九条 道路、停车场和道路配套设施的规划、设计、建设,应当符合道路交通安全、畅通的要求,并根据交通需求及时调整。<br>第三十三条 在城市道路范围内,在不影响行人、车辆通行的情况下,政府有关部门可以施划停车泊位 |
| 2015年8月3日 《关于加强城市停车设施建设的指导意见》(发改基础〔2015〕1788号) | 七、简化审批程序。各城市相关部门要深化行政审批制度改革、简政放权、转变职能、主动服务,简化投资建设、经营手续办理程序,提高工作效率,按照规定办理时限和程序完成项目业主或投资主体提出的停车设施建设项目的审批(或核准);对于小型或利用自有土地建设的停车场,鼓励实行备案制。各地最大程度地减免停车设施建设运营过程中涉及的行政事业性收费 |
| 2015年9月22日 《城市停车设施建设指南》(建城〔2015〕142号) | 简化建设审批程序,理顺各部门建设管理职能,通过设立绿色通道、并联审批、联审联办等形式简化审批程序,加快审批进度,优化投资环境。<br>停车设施建设项目可实行方案设计和初步设计合并审批,施工图由城乡建设主管部门牵头实行集中联审。<br>在满足停车设施规划要求的前提下,改造既有停车设施增加停车泊位的,简化或免除办理工程建设有关手续。<br>利用居住区和单位自有用地设置简易式、机械式停车设施可按照机械设备安装管理,免于办理建设工程规划、用地、环评、施工等许可手续。<br>建立停车设施建设协调服务平台,理顺各类停车场基本建设程序,帮助企业解决项目在前期审批、建设过程中遇到的各类问题 |

续上表

| 发文字号及颁布时间 | 政策关键指标 |
|---|---|
| 2016 年 8 月 31 日 《进一步完善城市停车场规划建设及用地政策的通知》(建城〔2016〕193 号) | 地下空间单独出让建设公共停车场的,项目出让规划条件应明确用地红线范围、公共停车场建筑面积等,有需要配建附属商业的公共停车场,还应明确商业建筑面积。利用现有城市公园绿地地下空间建设公共停车场的,在报城市政府规划部门审批时,应征求园林绿化部门及有关部门的意见,并符合国家和地方有关规范。<br>在满足结构、消防安全等条件下,既有其他功能建筑改建为停车场的,可简化规划审批流程。临时公共停车设施(含平面及机械设备安装类)由城市政府建设和规划等相关部门通过联席会议(或相关综合协调制度)进行审定,不需要办理相关审批手续。机械停车设备应当按相关规定进行验收。居住区利用自有建设用地设置机械设备类停车设施,还应取得业主委员会同意(没有业主委员会的,街道办事处或社区居委会等要征求居民意见),且满足日照、消防、绿化、环保、安全等要求 |
| 2017 年 10 月 7 日 《中华人民共和国道路交通安全法实施条例》 | 第三条　县级以上地方各级人民政府应当建立、健全道路交通安全工作协调机制,组织有关部门对城市建设项目进行交通影响评价。<br>第三十三条　“城市人民政府有关部门可以在不影响行人、车辆通行的情况下,在城市道路施划停车泊位,并规定停车泊位的使用时间 |

(4)停车场建设项目用地见附表 4-5。

**停车场建设项目用地**　　附表 4-5

| 发文字号及颁布时间 | 政策关键指标 |
|---|---|
| 2015 年 9 月 22 日 《城市停车设施建设指南》(建城〔2015〕142 号) | 按照“先规划、后建设”的原则,依据城市停车设施规划,需要建设独立公共停车场的地区,应在地区控制性详细规划中明确建设用地,并在近期建设计划中落实具体项目,明确分期建设时序和措施。<br>根据城市停车设施规划和近期建设计划,政府可在储备土地中确定一定数量的用地,专项用于建设公共停车场,并由国土资源部门负责在年度用地计划中予以保障 |
| | 符合用地划拨目录的,可以通过划拨方式供地,停车收费标准按照政府定价执行;不符合用地划拨目录的,同一地块上只有一个意向用地者的,可以协议出让方式供地,有多个意向用地者的,通过公开竞争方式出让用地,确定投资主体,停车收费标准按照市场调节价执行 |

续上表

| 发文字号及颁布时间 | 政策关键指标 |
| --- | --- |
| 2015年9月22日《城市停车设施建设指南》(建城〔2015〕142号) | 社会力量投资建设的公共停车场,应通过招标、拍卖、挂牌出让方式供地,可以整体转让、出租、抵押,停车收费标准按照市场调节价执行。<br>无法独立分宗或不具备单独招拍挂出让条件的零星国有建设用地,用地单位可以向当地停车建设主管部门提出申请,经审查批准后可以协议出让方式供地 |
| | 对企事业单位、居民小区、个人利用自有出让土地建设停车设施,规划部门要充分考虑停车需求的合理性,办理用地性质和容积率等规划调整手续。鼓励利用公共设施地上地下空间、人防工程等地下空间建设停车设施,增强土地的复合利用。相关部门分层办理规划和土地手续,投资建设主体依据相关规定取得停车设施的产权 |
| | 结合公共厕所、垃圾中转站等公共设施改造建设立体停车设施的,不再办理土地供应手续,免缴相关土地费用。结合旧城改造,停车供需矛盾突出的区域应预留一定用地用于建设公共停车场。可以充分利用"城中村"环境综合整治拆迁腾退土地,提供公共停车场建设用地 |
| | 在用地条件紧张的地区,提倡优先考虑建设机械式停车设施。允许机关、企事业单位利用院内空间等自有用地建设简易式、机械式车库。单位利用自有用地建设简易式、机械式停车设施的,项目类别定性为构筑物工程,其建筑面积不纳入容积率计算范围。利用居住区和单位自有用地设置简易式、机械式停车设施可按照机械设备安装管理,免于办理建设工程规划、用地、环评、施工等许可手续 |
| | 鼓励居住区在符合规划的前提下,利用存量建设用地增建、改建停车泊位,盘活存量土地。鼓励利用居住区建筑间零散场地、不规则闲置空地、建筑后退空间等"边角料"地块,分散灵活地补建停车设施。在居住区内部建设的,服务于居住区停车需求的停车设施,无需再办理土地供应手续 |
| | 结合城市边缘地区的城市轨道交通站点、地面公交枢纽、旅游集散中心等城市交通基础设施,规划建设停车换乘设施。配建停车换乘设施的轨道交通站点,停车换乘设施要与轨道交通站点主体建筑同步落实用地,同步办理用地手续,同步实施。在已建成的公共交通枢纽周边新建停车换乘设施的,优先采用划拨方式供地 |

续上表

| 发文字号及颁布时间 | 政策关键指标 |
| --- | --- |
| 2016年8月31日《进一步完善城市停车场规划建设及用地政策的通知》(建城〔2016〕193号) | 停车场用地以出让方式供应的,建设用地使用权出让年限按最高不超过50年确定。工业、商住用地中配建停车场的,停车场用地出让最高期限不得超过50年。以租赁方式供应的,租赁年限在合同中约定,最长租赁期限不得超过同类用途土地出让最高年期 |
| | 停车场用地供应应当纳入国有建设用地供应计划。新建建筑物配建停车场以及利用公园绿地、学校操场等地下空间建设停车场的,其建设规模应一并纳入建设用地供应计划。闲置土地依法处置后由政府收回、规划用途符合要求的,可优先安排用于停车场用地,一并纳入国有建设用地供应计划 |
| | 符合《划拨用地目录》的停车场用地,可采取划拨方式供地,不符合的,应依法实行有偿使用。对新建独立占地的、经营性的公共停车场用地,同一宗用地公告后只有一个意向用地者的,可以协议方式供应土地。协议出让价不得低于按国家规定确定的最低价标准。供应工业、商业、旅游、娱乐、商品住宅等经营性用地配建停车场用地的,应当以招标、拍卖或者挂牌方式供地。标底或者底价不得低于国家规定的最低价标准。鼓励租赁供应停车场用地,各地可以制定出租或先租后让的鼓励政策和租金标准。城市公共交通停车场用地综合开发配建商服设施,采取划拨方式供地的,配建的商服等用地可按市场价有偿使用。出让土地建设公共停车场的,可根据城市公共停车场客观收益情况评估并合理确定出让地价。在城市道路、广场、公园绿地等公共设施下建设停车场,以出让等有偿方式供地的,可按地表出让建设用地使用权价格的一定比例确定出让底价。具体比例由市、县政府根据当地实际情况确定,并向社会公示 |
| | 对营利性机构利用存量建设用地从事停车场建设,涉及划拨建设用地使用权出让(租赁)或转让的,在原土地用途符合规划相关标准规范的前提下,可不改变土地用途,允许补缴土地出让金(租金),办理协议出让或租赁手续。在符合规划相关标准规范的前提下,在已建成的住宅小区内增加停车设施建筑面积的,可不增收土地价款 |

续上表

| 发文字号及颁布时间 | 政策关键指标 |
| --- | --- |
| 2016年8月31日《进一步完善城市停车场规划建设及用地政策的通知》(建城〔2016〕193号) | 各地要及时总结有利于节约集约用地的停车场建设技术和利用模式,对节地效果明显、有推广价值的节地模式和节地技术,在划拨和出让土地时,可将节地模式、节地技术作为供地条件,写入供地方案,合理评估出让底价,在供地计划、供地方式、供地价格、开发利用等方面体现政策支持,逐步建立和完善节约集约用地的激励机制。对新建建筑充分利用地下空间,超过停车配建标准建设地下停车场,并作为公共停车场向社会开放的超配部分,符合规划的,可不计收土地价款 |

(5)停车场建设项目融资见附表4-6。

**停车场建设项目融资** 附表4-6

| 发文字号及颁布时间 | 政策关键指标 |
| --- | --- |
| 2015年4月7日《城市停车场建设专项债券发行指引》(发改办财金〔2015〕818号) | 鼓励企业发行债券专项用于城市停车场建设项目,在相关手续齐备、偿债措施完善的基础上,比照我委“加快和简化审核类”债券审核程序,提高审核效率 |
| | 在偿债保障措施较为完善的基础上,企业申请发行城市停车场建设专项债券,可适当放宽企业债券现行审核政策及《关于全面加强企业债券风险防范的若干意见》中规定的部分准入条件 |
| | 发债募集资金用于按照“政府出地、市场出资”公私合作模式(PPP)建设的城市停车场项目的,应提供当地政府和相关部门批准同意的城市停车场建设专项规划、实施方案、特许经营方案、资金补助协议,同时应明确项目所用土地的权属和性质 |
| | 鼓励地方政府综合运用预算内资金、城市基础设施建设专项资金,通过投资补助、基金注资、担保补贴、贷款贴息等多种方式,支持城市停车场建设专项债券发行。地方价格部门应及时制定和完善停车场收费价格政策,保护城市停车场的合理盈利空间 |
| | 优化城市停车场建设项目品种方案设计。一是可根据项目资金回流的具体情况科学设计债券发行方案,支持合理灵活设置债券期限、选择权及还本付息方式。二是积极探索停车设施产权、专项经营权、预期收益质押担保等形式。三是鼓励发债用于委托经营或转让—经营—转让(TOT)等方式,收购已建成的停车场统一经营管理 |

续上表

| 发文字号及颁布时间 | 政策关键指标 |
| --- | --- |
| 2015年8月3日　《关于加强城市停车设施建设的指导意见》(发改基础〔2015〕1788号) | 通过各种形式广泛吸引社会资本投资建设城市停车设施,大力推广政府和社会资本合作(PPP)模式;鼓励企事业单位、居民小区及个人利用自有土地、地上地下空间建设停车场,允许对外开放并取得相应收益 |
| | 利用公共资源建设停车设施,鼓励采用政府和社会资本合作(PPP)模式,政府投入公共资源产权,与社会资本共同开发建设,采用放弃一定时期的收益权等形式保障社会资本的收益;允许在不改变土地用途和使用权人的前提下将部分建筑面积用作便民商业服务设施,收益用于弥补停车设施建设和运营资金不足 |
| | 加快推动投资主体发行停车场建设专项债券;研究设立引导停车设施建设专项产业投资基金;充分发挥开发性金融作用,鼓励金融机构、融资租赁企业创新金融产品和融资模式提供支持 |
| 2015年9月22日　《城市停车设施建设指南》(建城〔2015〕142号) | 各城市可将某一区域范围内政府投资建设的公共停车设施资源(包括路内停车设施)进行打包,通过特许经营的方式,委托给专业停车服务企业进行管理。政府应将拟特许经营区域内所有的公共停车泊位数量、分布、收费要求等进行公示,并通过公开竞争性方式确定管理主体。特许经营者的选择应同时考虑特许经营权报价和服务措施两方面因素,特许经营权报价因素不应低于50%。特许经营权转让收入应进行公示,通过纳入停车产业发展基金等形式,专项用于公共停车设施的建设、补贴等。停车服务企业在取得特许经营权后,在符合有关要求的前提下,可对管理范围内停车设施进行挖潜改造,增加的停车泊位可对外经营收费。实行特许经营后,停车设施经营、收费、维护等工作由停车服务企业负责,执法部门仅负责违法停车行为的查处工作 |
| | 凡按照各项规定新建、改扩建的停车设施,建设单位均可以按规定办理产权、经营权登记。建设单位在取得所有权或经营权后,可进行抵押或有偿转让。鼓励金融机构对停车设施经营权预期收益提供质押贷款,支持利用相关收益作为还款来源。研究制定停车泊位产权关系和产权交易的政策法规,为停车产业融资、停车泊位进入交易市场创造条件。鼓励对单个停车泊位办理分割的独立产权、经营权,便于开展融资活动和进行产权、经营权交易 |

续上表

| 发文字号及颁布时间 | 政策关键指标 |
| --- | --- |
| 2015 年 9 月 22 日 《城市停车设施建设指南》(建城〔2015〕142 号) | 城市政府每年安排一定的专项资金,并以车位异地建设补偿金、特许经营权转让收入等为补充,专项用于公共停车场建设。财政出资建设停车场的,优先满足医院等公益性建筑的停车需求。对非财政出资新建公共停车场,可给予一定比例的奖励。具体奖励标准结合当地实际,根据停车设施分类、土地类别进行成本测算后确定。对于列入城市停车设施专项规划的公共停车场建设项目,按照项目重要程度和紧迫性,可以通过财政贴息的形式提供融资支持 |
| | 鼓励设立停车产业发展基金,为公共停车场建设、经营提供融资支持。鼓励公共停车场建设经营进行结构化融资,发行项目收益票据和资产支持票据。鼓励公共停车场建设通过发行企业债券、项目收益债券、公司债券等方式,拓宽融资渠道。充分发挥开发性金融作用,鼓励金融机构、融资租赁企业创新金融产品和融资模式提供支持。利用公共资源建设停车设施,鼓励采用政府和社会资本合作(PPP)模式,政府投入公共资源产权,与社会资本共同开发建设,采取放弃一定时期的收益权等形式保障社会资本的收益 |

(6)停车场建设项目范围见附表 4-7。

**停车场建设项目范围** 附表 4-7

| 发文字号及颁布时间 | 政策关键指标 |
| --- | --- |
| 2015 年 8 月 3 日 《关于加强城市停车设施建设的指导意见》(发改基础〔2015〕1788 号) | 各地依据城市总体规划和综合交通体系规划,以配建停车为主体、路外公共停车为辅助、路内停车为补充,采用差别化的停车供给策略,修订城市建筑物配建停车泊位标准,组织编制停车设施专项规划,并及时纳入城市用地控制性详细规划,做好用地管控。规划需统筹城市功能分区的区位特征、用地属性、公共交通发展等状况,合理测算停车需求,明确阶段性适应目标,优化设施布局,制定近期实施方案,建立项目库,并及时公布 |

续上表

| 发文字号及颁布时间 | 政策关键指标 |
| --- | --- |
| 2015年8月3日　《关于加强城市停车设施建设的指导意见》(发改基础〔2015〕1788号) | 以居住区、大型综合交通枢纽、城市轨道交通外围站点(P+R)、医院、学校、旅游景区等特殊地区为重点,在内部通过挖潜及改造建设停车设施,并在有条件的周边区域增建公共停车设施。鼓励建设停车楼、地下停车场、机械式立体停车库等集约化的停车设施,并按照一定比例配建电动汽车充电设施,与主体工程同步建设 |
| 2015年8月3日　《关于加强城市停车设施建设的指导意见》(发改基础〔2015〕1788号) | 对企事业单位、居民小区、个人利用自有出让土地建设停车设施,规划部门要充分考虑停车需求的合理性,办理用地性质和容积率等规划调整手续。鼓励利用公共设施地上地下空间、人防工程等地下空间建设停车设施,增强土地的复合利用。相关部门分层办理规划和土地手续,投资建设主体依据相关规定取得停车设施的产权 |
| 2015年9月22日　《城市停车设施建设指南》(建城〔2015〕142号) | 公共停车设施在确保原有功能,不占车位的前提下,允许配建开发不超过20%的附属商业配套面积。<br>城市外围地区轨道交通站点、公共交通枢纽的换乘停车设施,附属商业配套面积比例可适当提高,最高不超过30%。<br>在不影响正常运作的情况下,允许有条件的停车场提供洗车、保养、汽配销售等增值服务。<br>在确保安全的前提下,允许利用立体停车楼、机械式停车库等停车设施的外结构开展广告业务 |
| 2016年8月31日　《进一步完善城市停车场规划建设及用地政策的通知》(建城〔2016〕193号) | 单独新建公共停车场用地规划性质为社会停车场用地。为鼓励停车产业化,在不改变用地性质、不减少停车泊位的前提下允许配建一定比例的附属商业面积,具体比例由属地城市政府确定,原则上不超过20%。通过分层规划,利用地下空间建设公共停车场的,地块用地规划性质为相应地块性质兼容社会停车场用地 |
| 2016年8月31日　《进一步完善城市停车场规划建设及用地政策的通知》(建城〔2016〕193号) | 在符合土地利用总体规划和城市总体规划前提下,机关事业单位、各类企业利用自有建设用地增建公共停车场可不改变现有用地性质及规划用地性质。增建方式包括利用自有建设用地地下空间、既有建筑屋顶、拆除部分既有建筑新建、既有平面停车场改加建等,在符合日照、消防、绿化、环保、安全等要求的前提下增建后地块的建筑高度、建筑密度等指标可由城市政府有关部门按照程序依法进行调整 |

(7)停车费价格制定及调整见附表4-8。

停车费价格制定及调整　　附表4-8

| 发文字号及颁布时间 | 政策关键指标 |
| --- | --- |
| 2010年5月19日 《关于城市停车设施规划建设及管理的指导意见》(建城〔2010〕74号) | 鼓励采取差别化费率调控停车需求和停车资源,实行从城市中心区向城市外围由高到低的停车级差价格,强化停车需求调控管理;对于同一地区公共停车设施,停车价格采取路内高于路外、地上高于地下、室外高于室内的定价原则,同时建立不同类型停车场收入调节机制,引导停车资源合理使用;应根据占用停车资源的差别,合理确定不同车型、不同停放时间的停车费率 |
| 2015年4月7日 《城市停车场建设专项债券发行指引》(发改办财金〔2015〕818号) | 鼓励地方政府综合运用预算内资金、城市基础设施建设专项资金,通过投资补助、基金注资、担保补贴、贷款贴息等多种方式,支持城市停车场建设专项债券发行。地方价格部门应及时制定和完善停车场收费价格政策,保护城市停车场的合理盈利空间 |
| 2015年8月3日《关于加强城市停车设施建设的指导意见》(发改基础〔2015〕1788号) | 充分发挥价格杠杆的作用,逐步缩小政府定价范围,全面放开社会资本全额投资新建停车设施收费。对政府和社会资本合作建设停车设施,要统筹考虑财政投入、社会承受能力等因素,遵循市场规律和合理盈利原则,由投资者按照双方协议确定收费标准。对于路内停车等纳入政府定价范围的停车设施,健全政府定价规则,根据区位、设施条件等推行差别化停车收费 |
| 2015年9月22日《关于加强城市停车设施管理的通知》(建城〔2015〕141号) | 路内停车原则上实施收费管理,路内停车泊位的价格属于政府定价范围,要健全政府定价规则,根据区位、设施条件等推行差别化停车收费。实行从城市中心区向城市外围由高到低的停车级差价格,利用价格杠杆引导形成中心区域高于外围区域、交通拥堵严重地区高于普通地区的需求调控格局 |

续上表

| 发文字号及颁布时间 | 政策关键指标 |
| --- | --- |
| 2015 年 12 月 15 日《关于进一步完善机动车停放服务收费政策的指导意见》(发改价格〔2015〕2975 号) | (1)社会资本全额投资新建停车设施服务收费标准由经营者依法自主制定。除各级人民政府财政性资金、城市建设投资(交通投资)公司投资以外,对其他经济组织(以下简称社会资本)全额投资新建的停车设施,由经营者依据价格法律法规和相关规定,根据市场供求和竞争状况自主制定收费标准。<br>(2)创新政府与社会资本合作建设停车设施服务收费管理方式。对政府与社会资本合作(PPP)建设停车设施,要通过招标、竞争性谈判等竞争方式选择社会投资者。具体收费标准由政府出资方与社会投资者遵循市场规律和合理盈利原则,统筹考虑建设运营成本、市场需求、经营期限、用户承受能力、政府财力投入、土地综合开发利用等因素协议确定。要建立政府与社会资本共享收益、共担风险的收费标准调整与财政投入协调机制,依据相关法律法规规定和成本、供求变动等因素,及时调整收费标准。<br>(3)对具有自然垄断经营和公益性特征的停车设施服务收费,需要实行政府定价管理的,要纳入地方定价目录,明确管理权限,规范定价办法和程序,有效约束政府定价行为。<br>(4)鼓励各地结合实际情况,推行不同区域、不同位置、不同车型、不同时段停车服务差别收费,抑制不合理停车需求,缓解城市交通拥堵,有效促进公共交通优先发展与公共道路资源利用 |

(8)政府补贴及奖励见附表 4-9。

**政府补贴及奖励**　　附表 4-9

| 发文字号及颁布时间 | 政策关键指标 |
| --- | --- |
| 2015 年 9 月 22 日 《城市停车设施建设指南》(建城〔2015〕142 号) | 城市政府每年安排一定的专项资金,并以车位异地建设补偿金、特许经营权转让收入等为补充,专项用于公共停车场建设。<br>财政出资建设停车场的,优先满足医院等公益性建筑的停车需求。<br>对非财政出资新建公共停车场,可给予一定比例的奖励。具体奖励标准结合当地实际,根据停车设施分类、土地类别进行成本测算后确定。<br>对于列入城市停车设施专项规划的公共停车场建设项目,按照项目重要程度和紧迫性,可以通过财政贴息的形式提供融资支持 |

续上表

| 发文字号及颁布时间 | 政策关键指标 |
| --- | --- |
| 2016年8月31日 《进一步完善城市停车场规划建设及用地政策的通知》(建城〔2016〕193号) | 新建建筑超过停车配建标准建设停车场以及随新建项目同步建设并向社会开放的公共停车场(地下停车库和地上停车楼,配建附属商业除外),在规划审批时可根据总建筑面积、超配建的停车泊位建筑面积、公共停车场建筑面积等情况,给予一定的容积率奖励,具体规定由城市政府规划部门根据实际情况研究制定 |

# 参考文献

[1] 孙晓波,吴余龙,程斌. 智慧停车:物联网背景下的城市停车管理与运营模式[M]. 北京:电子工业出版社,2014.

[2] 程世东,王淑伟. 中国城市停车政策发展报告 2017[M]. 北京:人民日报出版社,2017.

[3] 郑建新,郭秀宏,欧阳煌. 政府和社会资本合作(PPP)模式解读[M]. 长沙:湖南美术出版社,2017.